DÉFENSE

DE PASCAL

DU MÊME AUTEUR

PHILOSOPHIES DE LA NATURE. Bacon, Boyle, Toland, Buffon. 1 vol. in-18, Paris, *Perrin*, 1887.

TABLEAU DES PROGRÈS DE LA PENSÉE HUMAINE depuis *Thalès jusqu'à Hegel*. 6ᵉ édition, un vol. in-12, Paris, *Perrin*, 1886.

PASCAL PHYSICIEN ET PHILOSOPHE. Un vol. in-12, Paris, *Perrin*, 1885.

LA PHILOSOPHIE DE SAINT AUGUSTIN (*Ouvrage couronné par l'Institut*). 2ᵉ édition, deux vol. in-12, Paris, *Didier*, 1866.

LA PHILOSOPHIE DE LEIBNIZ (*Ouvrage couronné par l'Institut*). Un vol. in-8º, Paris, *Hachette*, 1860, *épuisé*.

UNE VISITE A HANOVRE, *Septembre* 1860. *Mémoire sur les manuscrits de Leibniz*. Broch. in-8º, *Durand*, 1860.

LA NATURE HUMAINE, *Essais de psychologie appliquée* (*Ouvrage couronné par l'Institut*). Un vol. in-8º, Paris, *Didier*, 1865, *épuisé*.

ESSAI SUR ALEXANDRE D'APHRODISIAS, suivi du *Traité du Destin et du Libre pouvoir aux Empereurs*, traduit en français pour la première fois. Un vol. in-8º, Paris, *Didier*, 1870.

EXPOSITION DE LA THÉORIE PLATONICIENNE DES IDÉES. Un vol. in-18, Paris, *Ladrange*, 1862, *épuisé*.

ESSAI SUR LA PHILOSOPHIE DE BOSSUET, *avec des fragments inédits*, 2ᵉ édition, un vol. in-8º, Paris, *Ladrange*, 1862.

SPINOZA ET LE NATURALISME CONTEMPORAIN. Un vol. in-12, Paris, *Didier*, 1866.

PORTRAITS ET ÉTUDES, *avec des fragments inédits*. Nouvelle édition, un vol. in-12, Paris, *Didier*, 1863.

LES PÈRES DE L'ÉGLISE LATINE. Deux vol. in-12, Paris, *Hachette*, 1856.

LE CARDINAL P. DE BÉRULLE. Un vol. in-12, Paris, *Didier*, 1856, *épuisé*.

LA POLITIQUE DE BOSSUET. Un vol. in-12, Paris, *Didier*, 1867.

L'ANCIENNE FRANCE ET LA RÉVOLUTION, avec une introduction sur *la Souveraineté nationale*. Un vol. in-12, Paris, *Didier*, 1873.

TROIS RÉVOLUTIONNAIRES : TURGOT, NECKER, BAILLY. Un vol. in-8º, Paris, *Perrin*, 1885.

MACHIAVEL. Nouvelle édition, augmentée d'un *Appendice sur Machiavel et les Classiques anciens*. Un vol. in-12, Paris, *Perrin*, 1883.

DÉFENSE

DE PASCAL

PAR

NOURRISSON

Membre de l'Institut.

PARIS

LIBRAIRIE ACADÉMIQUE DIDIER

PERRIN ET Cie, LIBRAIRES-ÉDITEURS

35, QUAI DES GRANDS-AUGUSTINS, 35

1888

Tous droits réservés.

DÉFENSE

DE PASCAL

« Après tant d'ouvrages dont Pascal a été l'objet,
nous n'avons point hésité à publier sur Pascal ce
nouveau volume. Sans autre préoccupation que
celle d'être exact, l'auteur, y étudiant Pascal surtout comme physicien-géomètre et comme philosophe, le juge, en passant, comme polémiste, en
même temps que, sous ce triple rapport, il semble
ajouter par ses recherches à ce qu'on savait déjà
de l'auteur des *Provinciales*, du *Traité de l'Équilibre des Liqueurs*, du *Triangle arithmétique* et des
Pensées. Il explique les ardeurs jansénistes de
Pascal; il fait justice de son prétendu scepticisme
ou pessimisme; il établit comment et dans quelle
mesure Pascal doit entrer en partage avec Descartes, bien plus sans doute qu'avec Torricelli, de la
découverte de la pesanteur de l'air et de ses effets;

il montre, dans le commerce de Pascal avec Méré et la société polie du XVIIᵉ siècle, une des origines principales, quoique peut-être les moins connues, des *Pensées*. Nombre d'autres détails, relatifs soit à la vie, soit aux écrits de Pascal, sont également de nature à intéresser le lecteur, qui trouvera dans cet ouvrage, au lieu de Pascal tel que le représente l'esprit de parti ou la légende, le vrai Pascal de l'histoire. »

C'était en ces termes que l'éditeur offrait, pour la première fois, au public, le volume qu'il réimprime aujourd'hui.

« Après tant d'ouvrages dont Pascal a été l'objet, » il a suffi, en tout cas, que le présent volume traitât encore de Pascal, qui, par son génie, appartient à tous les pays de même qu'il est de tous les temps, pour obtenir, soit en France, soit à l'étranger, quelque attention. De là de nombreuses et, en raison même de la diversité naturelle des esprits, de très diverses critiques, qu'il serait évidemment aussi fastidieux qu'inutile de discuter une à une et séparément, mais qui, prises dans leur ensemble, exigent qu'on y réponde par des éclaircissements. Ce sera encore beaucoup moins défendre ce livre, qui, assurément, ne mériterait pas tant de soin, qu'entreprendre une défense de Pascal lui-même, quelles que soient les restrictions qu'impose d'ailleurs à l'admiration profonde qu'il nous inspire, la vérité telle qu'elle nous apparaît.

Ainsi qu'il fallait s'y attendre, c'est à propos des *Provinciales* qu'ont éclaté les plus vifs dissentiments. Chose notable! Tandis que la publication, lente et prudente, des *Pensées* [1] avait laissé le xviie siècle comme indifférent (car les *Pensées* ne s'y trouvent presque jamais citées ou rappelées), les éditions des *Petites Lettres* s'y étaient, au contraire, succédé coup sur coup, et, depuis, ont continué de se multiplier à ce point qu'il ne serait probablement pas excessif d'en porter aujourd'hui le chiffre à près de deux cents [2]. C'est qu'en effet, au lieu que les *Pensées* invitent simplement à la méditation, les *Provinciales* engagent, bonnes ou mauvaises, toutes les passions. Aussi, quoique nous n'eussions parlé qu'incidemment de ce célèbre pamphlet et afin de ne paraître point nous en taire, ce que nous en avons touché

1. La première édition des *Pensées* ne parut qu'au commencement de l'année 1670. Cette édition *princeps* fut réimprimée la même année, avec le titre de *seconde édition;* et l'année suivante, avec le titre de *troisième édition,* mais sans aucun changement quant au texte. En 1678, les *Pensées* furent réimprimées sous ce titre : *Nouvelle édition augmentée de plusieurs pensées du même auteur.* L'édition de 1678 fut réimprimée en 1687, accompagnée enfin, pour la première fois, de la *Vie de Pascal,* par Mme Perier. Cf. Faugère, *Pensées, fragments et lettres de Blaise Pascal,* t. I, *Introduction,* p. 19 et suiv.

2. Voyez le *Catalogue de M. J.-H. Basse,* Paris, in-8°, Techner, 1878. Ce catalogue d'un simple particulier, et qui ne va que jusqu'en 1867, ne comprend pas moins de cent trente-sept articles, tous relatifs à Pascal, et notamment aux éditions des *Provinciales.*

a-t-il été tout particulièrement approuvé ou contredit. Tellement il est difficile de rallier des opinions contraires en les ramenant à une juste mesure, et par l'exposition sincère ou même la plus pressante des faits, de rompre certaines associations d'idées! Nous n'avons garde de vouloir rouvrir un débat depuis longtemps épuisé. Que ceux, ajouterons-nous pourtant, que ceux qui tiendraient à juger les *Provinciales* en connaissance de cause et par eux-mêmes, prennent d'abord la peine de les lire ou de les relire (la lecture n'en est pas tout enchantement) et puis qu'ils y réfléchissent! Il ne s'agit point d'épiloguer sur des citations, encore moins d'innocenter à aucun degré les *maudites maximes* que Pascal a si éloquemment flétries, estimant avec raison « ridicule de dire qu'une récompense éternelle est offerte à des mœurs escobartines [1] ». Mais l'ami d'Arnauld et de Domat ne cédait-il point à quelque ressentiment secret et « à son humeur bouillante », plus qu'il n'obéissait à l'équité, lorsque, d'un autre côté, il écrivait : « Par un malheur ou plutôt un bonheur singulier de la Société, ce qu'un fait est attribué à tous [2] »? Aussi bien, devant le nom de François Xavier, sa plume s'est-elle brusquement arrêtée. « Quand saint Xavier fait des mira-

1. Faugère, *Pensées, fragments et lettres de Blaise Pascal*, t. I, p. 271.
2. *Ibid.*, p. 294.

cles [1]..... » Pascal n'a point complété sa pensée. Comment, en outre, ne pas l'observer? Ces boues fétides que recèle dans ses bas-fonds la conscience humaine et où trop souvent se voient forcés de descendre ceux qui ont charge de purifier les âmes, fallait-il donc, pour les besoins d'une polémique de secte, les remuer comme à plaisir et les étaler en plein soleil? Ces livres rédigés en latin, *in examen confessoriorum* (examen des actes à confesser), ainsi que le porte leur titre; ces traités humiliants et attristants qu'on allait déterrer parmi tant d'autres ouvrages de la piété la plus consommée et du savoir le plus profond; tous ces manuels de pathologie morale étaient-ils donc destinés à être bruyamment divulgués, et devait-on s'appliquer à y chercher avec complaisance le thème scandaleux d'une théâtrale indignation? C'est à quoi néanmoins, de nos jours même, n'ont pas manqué, malgré la différence des temps, des émules violents de Pascal, imitateurs à contresens, qu'eût hautement désavoués Pascal, mais auxquels il avait donné l'exemple et, sans prévoir leurs excès, tracé la voie. En effet, écoutez-le : « Ceux qui ont écrit cela en latin parlent en français. Le mal ayant été fait de les mettre en français, il fallait faire le bien de les condamner [2]. » « On fera imprimer vos ou-

1. Molinier, *Les Pensées de Pascal*, t. II, p. 99.
2. Faugère, *Pensées*, etc., t. I, p. 279.

vrages entiers et en français, et on en fera tout le monde juge [1]. » Ah! sans doute la casuistique, avec ses faux-fuyants, ses accommodements, ses biais, ses restrictions, ses détours, convenait mal à l'inflexible droiture de Pascal, et sa loyale nature ne pouvait qu'éprouver un dégoût invincible et qui l'honore pour les indulgences dissolvantes d'une morale relâchée. Cependant, lui qui si noblement avait consenti à humilier sa superbe sous la main de Singlin, que n'avait-il aussi appris de Singlin que la plus sévère direction spirituelle comporte ou même exige des tempéraments! « Il faut, observait l'austère Singlin dans ses *Institutions chrétiennes* [2], il faut que celui qui conduit une âme, supporte d'abord ses défauts afin de les pouvoir corriger. Il faut souvent qu'il suive cette règle que saint Bernard dit au pape Eugène : nous ne demandons pas ce qui devrait se faire à la rigueur, mais ce qui se peut faire. » Surtout, pourquoi Pascal en était-il venu à oublier les maximes généreuses qu'il avait comme tirées de ses entrailles, lorsqu'il écrivait : « C'est une fausse piété de conserver la paix au préjudice de la vérité. C'est aussi un faux zèle de conserver la vérité en blessant la charité. — On se fait une idole de la vérité même : car la vérité hors la charité n'est pas Dieu; c'est son image

1. Faugère, *Pensées,* etc., p. 307.
2. T. IV, p. 687.

et une idole qu'il ne faut point aimer, ni adorer ; et encore moins faut-il aimer ou adorer son contraire, qui est le mensonge [1]. » La haine vigoureuse du mensonge et de tout ce qui se rapproche du mensonge, mais aussi, parmi les entraînements et enivrements de la lutte, la vérité hors la charité, voilà, au fond et en grande partie, les *Provinciales*. Est-il besoin enfin de rappeler que si une réfutation tragi-comique de la morale facile y domine d'une façon retentissante, c'était, avant tout, avec la discussion du problème de la grâce, l'examen des prétentions jansénistes, qui avait motivé les *Petites Lettres* et devait en faire l'objet ?

Mais c'est assez et trop longtemps nous être arrêté aux *Provinciales*, alors que de prime abord nous avions déclaré ne point vouloir envisager chez Pascal le polémiste sectaire, mais uniquement le physicien et le philosophe.

Cependant il règne, en général, entre la vie de Pascal et ses doctrines, un tel accord qu'on ne saurait entendre ce qu'est sa philosophie, si l'on ne commence par se faire une juste idée de ce que fut son existence. Quelques dates la résument tout entière.

Né en 1623, c'est, à l'âge de vingt-trois ans, en 1646, qu'à la suite d'une chute dangereuse de son

1. Faugère, *Pensées*, etc., t. I, p. 231.

père, de graves réflexions sur la destinée humaine autant que les relations qu'inopinément il noue avec quelques Port-Royalistes zélés, tournent l'ardent esprit de Pascal, tout occupé jusque-là des spéculations de la science, vers les idées encore plus hautes de la pure spiritualité. Dès lors, en dépit d'apparentes tiédeurs et qui ne doivent que peu durer, le christianisme, tel que le Jansénisme l'avait fait, s'empare de lui tout entier.

Effectivement, si, après avoir, vers la fin de 1647, quitté Rouen pour Paris, et sa santé exigeant qu'il se relâche de trop astreignantes études, Pascal s'engage dans le train ordinaire du monde et semble disposé à en suivre les voies battues, la mort de son père, arrivée en 1651 [1], quoiqu'elle lui assure plus de liberté et le mette, sous le rapport de la fortune, plus au large, lui imprime comme une secousse qui le réveille d'une sorte d'assoupissement. « Si j'avais perdu mon père il y a six ans, écrit-il en octobre 1651 à M. Perier, je me serais perdu [2]. » C'est à peu près se reporter à l'année 1646, époque de ce qu'on a nommé sa première conversion.

Sa seconde conversion, qui ne se fit guère attendre,

---

1. Après y être resté dix ans, Étienne Pascal avait quitté Rouen en 1648, lorsque le Parlement de Paris réclama la révocation générale de tous les intendants.
2. Faugère, *Pensées, fragments et lettres*, t. I, p. 33.

a une date qui n'est pas moins certaine. C'est vers
la fin de septembre 1654 que, cédant à l'exemple de
sa sœur Jacqueline, devenue à Port-Royal, sur sa
propre incitation, sœur de Sainte-Euphémie, il
s'ouvre à elle « d'une manière qui lui fait pitié [1] ».
Et presque aussitôt « détaché de toutes choses »,
tandis qu'il se place sous la direction de Singlin, il
cherche momentanément à Port-Royal, en janvier
1655, un abri et y émerveille Saci par sa célèbre
conversation sur Épictète et Montaigne.

En 1656, et au plus fort des *Provinciales*, le
miracle de la Sainte-Épine, en le pénétrant de
reconnaissance, le confirme dans son dessein de
composer une *Apologie de la religion chrétienne*, où
en effet avec insistance il invoque, en même temps
que les prophéties et les figuratifs, les miracles.

En 1659, il expose de vive voix à un petit nombre d'auditeurs choisis le plan de la composition
qu'il médite et dont à peine il se laisse distraire
par quelques récréations de géométrie.

Les souffrances qui trop souvent le torturent, les
exercices de la pénitence et aussi le souci tout
évangélique des pauvres, remplissent ses trois dernières années. « Que le fidèle, disait Bossuet, songe
que par la naissance tous les hommes sont égaux,

1. Faugère, *Lettres, opuscules et mémoires de Mme Perier
et de Jacqueline, sœurs de Pascal, et de Marguerite Perier, sa
nièce*, in-8°. Paris, 1845, p. 356.

et que les pauvres, dans le christianisme, sont en quelque façon ses supérieurs [1]. » Tels furent, surtout vers la fin de sa trop courte vie, les sentiments de Pascal. « J'aime les pauvres, écrivait-il dans une sorte de *Profession de foi;* j'aime la pauvreté, parce que Jésus-Christ l'a aimée. J'aime les biens, parce qu'ils donnent le moyen d'en assister les misérables [2]. » Et pratiquant à la lettre ce qu'il avait noté, « que la Sagesse nous envoie à l'enfance, *nisi efficiamini sicut parvuli* [3] », cet impétueux génie se réduit finalement à la soumission d'un enfant. Brienne avait toute raison de l'appeler « notre saint [4] ».

Voilà l'homme pourtant qu'on a représenté tour à tour comme adonné au jeu et au luxe, ambitieux et amoureux, puis intolérant jusqu'au fanatisme, dévot jusqu'à la superstition, d'un ascétisme sauvage et voisin de l'extravagance, d'une ardeur de piété qui se résout en hallucination, si même elle ne dégénère en folie, enfin, et en dernière analyse, d'un scepticisme quasi fébrile ou d'un pessimisme désolé et désolant. Ce sont ces différentes imputations, tout outrées, quand elles ne sont pas

1. *Premier sermon pour l'exaltation de la sainte Croix. Sur la vertu de la croix de Jésus-Christ.*
2. Faugère, *Pensées,* etc., t. I, p. 243, *Profession de foi.*
3. Molinier, *Pensées de Pascal,* t. I, p. 321.
4. Faugère, *Pensées,* etc., t. I, p. 393. Lettre de M. de Brienne à Mme Perier.

odieusement calomnieuses, que nous avions déjà discutées, mais sur lesquelles des instances nouvelles nous obligent de revenir.

Et d'abord, le dirons-nous? Nous ne croyons point avoir eu tort, comme quelques-uns l'ont estimé, de nous être arrêté assez longuement aux rapports de Pascal avec le chevalier de Méré. Non seulement nous avons ainsi, croyons-nous, mieux fait connaître qu'il ne l'était jusqu'ici, un écrivain qui peut, au XVIIe siècle, être considéré comme le type du *précieux*, mais sa correspondance nous a donné sur la vie de Mme de Maintenon, et en particulier sur sa jeunesse, des ouvertures ignorées ou trop négligées par les panégyristes aujourd'hui nombreux de cette femme extraordinaire. Nul doute d'ailleurs que Méré, sans qu'il faille, pour cela, exagérer son influence, n'ait contribué en plus d'une sorte, ce qui est vraiment curieux, à déterminer chez Pascal les évolutions de son esprit. Surtout, c'est ensuite de ce que l'on parvient à savoir (malheureusement on ne sait pas tout) des relations qu'entretint Pascal avec Méré et les amis de Méré, qu'il est permis de décider si Pascal a mérité qu'on le qualifiât de joueur. Or, quoique en un tel sujet les informations doivent être nécessairement fort incomplètes, on arrive aisément à se convaincre que, pour l'auteur de la *Règle des partis* de même que pour Fermat, le jeu, sauf peut-être des exceptions qu'expliquent assez les convenances ou nécessités de la vie mondaine, ne fut guère qu'une occasion de s'exercer en des calculs ingénieux.

Aussi bien, le jeu exige, en général, qu'on soit à même de subvenir aux dépenses presque toujours ruineuses du jeu, et Pascal n'était pas riche. Sa fortune, amoindrie par les réductions de rente que son père avait dû subir, était une de ces fortunes de province, lesquelles d'ordinaire consistent principalement en propriétés, dont le revenu reste médiocre, souvent précaire, et qui presque toujours suscitent mille embarras et contestations [1]. Pascal lui-même (pourquoi dissimuler ces misères?), Pascal ne crut-il pas devoir disputer quelque temps à sa sœur Jacqueline, devenue sœur de Sainte-Euphémie, la part d'héritage qui lui revenait? Qu'on lise, à ce sujet, la longue et dolente lettre qu'en 1653, après son entrée en religion, la pieuse fille adres-

---

1. Voyez la publication intitulée : *Recherches sur la maison où Blaise Pascal est né et sur la fortune d'Étienne Pascal*, par B. Gonod. Clermont, 1847, broch. in-8°, p. 19 et suiv. Malgré une fortune apparente, Étienne Pascal aurait plutôt été gêné, et ce ne fut qu'après sa mort que purent être acquittés par Blaise Pascal des emprunts que son père avait souscrits vingt ans auparavant. Cf. *Vie de Pascal* par Mme Perier. « L'amour que mon frère avait pour la pauvreté le portait à aimer les pauvres avec tant de tendresse, qu'il n'avait jamais refusé l'aumône, quoiqu'il n'en fît que de son nécessaire, ayant peu de bien, et étant obligé de faire une dépense qui excédait son revenu, à cause de ses infirmités. »

sait à la mère Prieure, afin de s'excuser sur les difficultés qu'elle avait éprouvées pour se constituer à Port-Royal une dot et « disposer du peu de bien que Dieu lui avait donné [1] ».

Vainement rappellerait-on, en témoignage de la richesse de Pascal, le luxe qu'il étalait. Certes et à Clermont où il était président à la Cour des Aides, et à Paris où sa maison attirait les savants les plus réputés de la capitale, et à Rouen où il occupait une des premières charges de l'État, le train d'Étienne Pascal n'avait jamais cessé, malgré tout, d'être des plus modestes. Blaise Pascal, après avoir perdu son père, aurait-il donc dérogé, ne fût-ce que peu de temps, à ces traditions de simplicité domestique? A la vérité, dans son intéressant *Mémoire sur la vie de Pascal*, Marguerite Perier, sa nièce, écrivait les lignes suivantes : « L'état où les médecins virent mon oncle (état causé par la grande application qu'il avait donnée aux sciences) les obligea de lui défendre toute application; mais cet esprit si vif et si agissant ne pouvait demeurer oisif. Quand il ne fut plus occupé ni de sciences, ni de choses de piété qui portent avec elles leur application, il lui fallut quelque plaisir : il fut contraint de voir le monde, de jouer et de se divertir.

---

1. Faugère, *Lettres*, etc., p. 177 et suiv. *Relation de la sœur Jacqueline de Sainte-Euphémie, adressée par elle à la mère Prieure de Port-Royal-des-Champs.*

Dans le commencement cela était modéré ; mais insensiblement le goût en revint, il se mit dans le monde, sans vice néanmoins ni dérèglement, mais dans l'inutilité, le plaisir et l'amusement. Mon grand-père mourut ; il continua à se mettre dans le monde, avec même plus de facilité, étant maître de son bien [1]. »

Toutefois, lorsqu'on parle du faste qu'avant sa seconde conversion aurait étalé Pascal, c'est uniquement de ce carrosse à quatre ou six chevaux, que personne n'a vu, qu'il est perpétuellement question et à propos de cette promenade à Neuilly, dont personne n'a été témoin [2]. Comme si, même en admettant ces faits, il n'était pas tout naturel et

---

1. Faugère, *Lettres*, etc., p. 452 et suiv.

2. Dans tous les papiers relatifs à Pascal, un seul passage se rencontre où soit mentionné l'accident du pont de Neuilly. Faugère, *Lettres, opuscules et mémoires*, p. 470. *Extraits d'un manuscrit anonyme concernant la vie de Pascal* (Bibliothèque des P. P. de l'Oratoire de Clermont). « M. Arnoul de Saint-Victor, curé de Chamboursy, dit qu'il a appris de M. le Prieur de Barillon, ami de Mme Perier, que M. Pascal, quelques années avant sa mort, étant allé, selon sa coutume, un jour de fête, à la promenade au pont de Neuilly, avec quelques-uns de ses amis dans un carrosse à quatre ou six chevaux, les deux chevaux de volée prirent le frein aux dents à l'endroit du pont où il n'y avait pas de garde-fou, et s'étant précipités dans l'eau, les lesses qui les attachaient au train de derrière se rompirent, en sorte que le carrosse demeura sur le bord du précipice, ce qui fit prendre à M. Pascal la résolution de rompre ses promenades et de vivre dans une entière solitude. » Il est permis de trouver assez mince la valeur d'un témoignage aussi indirect.

beaucoup plus raisonnable de supposer que Pascal se trouvait, ce jour-là, en compagnie, ou du moins dans le carrosse de son ami, le duc de Roannez, gouverneur du Poitou !

Mlle Perier elle-même déclarait « ne pas savoir bien à quel âge [1] » Artus de Roannez, fils de Henry Gouffier, marquis de Boisy, qu'il perdit à l'âge de huit ou neuf ans, et petit-fils du duc de Roannez, dont la mort le laissa à treize ans son maître, entra en relation avec Pascal, qui était son voisin. « M. son grand-père, ajoute Mlle Perier, M. son grand-père qui ne connaissait guère la religion et qui était un homme très emporté et peu capable de donner une éducation chrétienne à un enfant, lui donna un gouverneur qui n'en était pas plus capable que lui; il alla même jusque là que d'ordonner à son gouverneur de lui donner l'air de la cour, et de lui apprendre à jurer, croyant qu'il fallait qu'un jeune seigneur prît ces manières-là..... Madame sa mère, qui était une bonne femme toute simple, ne pouvait, ne savait pas même en prendre soin. Cependant il ne laissa pas de commencer assez jeune à avoir des sentiments de religion. Il avait un très bon esprit, mais point d'étude [2]. »

---

1. Faugère, *Pensées, fragments et lettres de Pascal*, t. I, p. 381 et suiv., *Appendice, Extrait de la notice de Marguerite Perier sur M. et Mlle de Rouannez.*
2. *Id., ibid.*

On eût dit que c'était à Pascal qu'était réservé de façonner l'âme de Roannez, et peut-être n'est-il point hors de vraisemblance que ce fut aussitôt après que Pascal eut quitté Rouen pour Paris, vers la fin de 1647, que se forma avec le jeune duc son intime liaison. Quoi qu'il en soit, dès que Roannez eut connu Pascal, « il goûta si fort son esprit qu'il ne pouvait se passer de le voir [1] ». Il allait, l'associant à sa vie de chaque jour, jusqu'à lui donner un logis dans son hôtel, l'emmenait avec lui, à diverses reprises et bien avant *les Provinciales*, dans son gouvernement du Poitou, se montrait désolé lorsque Pascal se retirait à Port-Royal, et plus tard demeurait inconsolable de sa perte [2].

Fut-ce pour le fils aîné du duc de Luynes, depuis duc de Chevreuse, ou plutôt ne fut-ce pas pour Roannez lui-même que Pascal composa, vers 1652 ou 1653, ces trois fiers et pathétiques *Discours sur la condition des Grands*, qu'a publiés Nicole, affirmant que Pascal, qu'on a bien cru pouvoir, à ce propos, accuser d'ambition, n'eût désiré rien tant

1. Faugère, *Pensées, fragments et lettres de Pascal*, t. I, p. 381.
2. *Id.*, *Lettres, opuscules et mémoires*, etc., p. 482, *Lettre du duc de Roannez*, du 10 septembre 1662, *à Arnauld de Pomponne*. « Je n'ai pas douté que vous n'ayez été bien touché de la mort de M. Pascal. Je vous avoue que cette perte est un coup pour moi, auquel je n'étais pas préparé et dont je ne puis me consoler. »

que d'être chargé de l'éducation d'un prince [1] ?
Pascal s'était sans doute et avec le plus complet dé-
sintéressement persuadé qu'élever un prince c'eût
été agir sur l'avenir de tout un peuple [2]. Ce qui est
est sûr, c'est que la piété fut bien vite le lien
principal qui unit étroitement Pascal et Roannez.
Celui-ci, touché des exemples encore plus que des
entretiens de son illustre ami, refusait, vers l'âge
de vingt-cinq ans et malgré les objurgations de sa
famille irritée, la riche alliance de Mlle de Menus,
qui devint duchesse de Vivonne; puis, voué irré-
vocablement au célibat, vendait son gouvernement, transférait à son beau-frère son titre de duc
et finissait par se retirer chez les Pères de l'Oratoire. Nul doute, par conséquent, que l'influence de
Pascal sur la destinée du duc de Roannez n'ait été
fort grande. Cette influence sur Mlle de Roannez
fut-elle de même nature et aussi décisive? C'est ici
qu'il faudrait, s'il est possible, ramener à des pré-
cisions des détails emmêlés comme à plaisir, et à

---

1. Ce fut en 1670, au lendemain de la publication des *Pensées,* que Nicole fit paraître ces discours dans le *Traité de
l'éducation d'un prince.* « On a souvent ouï dire à Pascal,
écrivait-il, qu'il n'y avait rien à quoi il désirât plus contribuer s'il y était engagé, et qu'il sacrifierait volontiers sa vie
pour une chose si importante. »

2. On peut en effet se demander ce qui serait advenu si,
au lieu de La Mothe Le Vayer, Gaston duc d'Orléans et son
frère le Dauphin, plus tard Louis XIV, avaient eu Pascal
pour précepteur.

des certitudes les conjectures contradictoires
imaginées au sujet de ce qu'on a appelé « le
roman de Pascal » et de ce que plus justement on eût nommé « le roman de Mlle de Roannez ».

Charlotte Gouffier de Boisy de Roannez, née en
1633 et plus jeune de deux ou trois ans que son
frère, était, de son côté, l'aînée de deux sœurs qui,
de très bonne heure, se firent, ou que, suivant
l'usage de l'aristocratie d'alors, on s'empressa de
faire religieuses. Aussi en 1655, le duc de Roannez
ayant renoncé à tout établissement, Mlle de Roannez devint-elle un très enviable parti. Dès 1656, le
marquis d'Alluye, fils aîné du marquis de Sourdis,
recherchait sa main. Mais, cette année-là même,
à la suite de quelques visites à Port-Royal où l'avait
attirée le miracle de la Sainte-Épine, se sentant
subitement touchée de la grâce, Mlle de Roannez
manifesta le plus ardent désir de se consacrer à
Dieu. Un tel dessein ne laissa pas que d'émouvoir sa
famille, qui s'y opposa tout d'une voix. Son frère
lui-même se hâta de l'emmener avec lui dans son
gouvernement du Poitou, espérant que le changement des lieux changerait ses sentiments et don-
nerait à ses idées un autre cours. Il n'en fut rien.
Après d'assez longs mois passés au fond de la province, à peine Mlle de Roannez fut-elle, en mars
1657, de retour à Paris, que trompant la surveil-

lance dont elle était devenue l'objet [1], elle s'enfuit à Port-Royal, où, en souvenir évidemment de la Sainte-Épine, elle prit le voile sous le nom de sœur Charlotte de la Passion. Cependant, tandis que son frère s'était assez facilement rallié à ses vues, ses proches, sa mère, sa grand'tante abbesse de Notre-Dame de Soissons, une de ses sœurs religieuses elle-même, n'admettaient pas qu'elle ensevelît au cou-

1. Hermant Godefroi, chanoine de Beauvais et auteur d'une *Histoire du Jansénisme*, a consigné dans ses Mémoires les piquants détails de cette fuite. Non seulement, au retour du Poitou, la marquise de Boisy se refusa opiniâtrément aux instances de sa fille qui ne désirait toujours rien tant que de quitter le monde, mais quoique celle-ci eût alors ses vingt-quatre ans accomplis, « elle donna charge à son écuyer et à un petit laquais adroit et fidèle de ne pas la perdre de vue ». Or, « un jour de fête, Mme de Boisy, M. le duc de Roannez son fils et elle ayant entendu le sermon et vêpres dans l'église de Saint-Merry, qui était devant leur porte, Mlle de Roannez, qui avait fait complot avec Mlle Vallée, personne de piété, de l'attendre à une des portes de l'église, avec un carrosse, laissant madame sa mère et monsieur son frère en leur place où ils priaient Dieu, elle s'en alla à la chapelle du Saint-Sacrement faire aussi sa prière. Sa mère, qui s'aperçut de son absence, dit à l'écuyer de la suivre, et il vint faire son rapport du lieu où elle était. Mme de Boisy, à qui le soupçon donnait de l'impatience, envoya deux ou trois fois l'écuyer et le petit laquais, et une fois M. le duc son fils, tant pour voir si elle y était toujours que pour la faire revenir. Mais à la fin Mlle de Roannez, voyant qu'il n'y avait personne présent qui l'observât, se leva de sa place, se jeta dans le carrosse avec Mlle Vallée et s'alla enfermer dans Port-Royal. Cela excita un très grand bruit dans tout le quartier du cloître Saint-Merry, et chacun s'assembla sur cette nouvelle au logis de Mme de Boisy. » — L'hôtel de Roannez se voit encore aujourd'hui à l'angle de la rue du cloître Saint-Merry et de la rue Taillepain.

vent et sa fortune et son nom. Elle eut donc à soutenir de leur part les plus rudes assauts. Et vainement réclama-t-elle le droit de disposer de sa personne, allant jusqu'à faire sommation à sa mère de ne la point troubler dans la condition qu'après mûre délibération elle s'était choisie. Une lettre de cachet obtenue par des intrigues auxquelles les Jésuites, paraît-il, ne furent point étrangers, l'obligeait finalement, le 3 novembre 1657, à sortir de Port-Royal. Elle ne quittait du moins cet asile qu'après y avoir fait vœu de virginité et s'être coupé les cheveux, afin de bien marquer qu'elle n'abandonnait pas sa vocation. De 1657 à 1662, elle vécut à l'hôtel de Roannez en véritable recluse et ce fut en pure perte que le marquis d'Alluye lui adressa de nouveau ses hommages et lui prodigua ses empressements. Mais en 1664, l'abbé Singlin, son directeur, étant décédé, et, par suite, les relations de Mlle de Roannez avec Port-Royal se relâchant, elle tomba dans ce qu'Arnauld appelait « une léthargie spirituelle ». Bientôt même, en 1666, elle se faisait relever de son vœu par le pape, et, en 1667, à l'âge de trente-quatre ans, « pénitente du diable [1] », épousait François d'Aubusson de

---

1. Expression de Tertullien, citée par Pascal dans sa correspondance avec Mlle de Roannez et que celle-ci dut amèrement se rappeler. Cf. Faugère, *Pensées*, etc., p. 47, *Extrait de quelques lettres de Pascal à Mlle de Roannez*. « Ceux qui quittent Dieu pour retourner au monde, ne le font que parce qu'ils trouvent plus de douceur dans les plaisirs de

la Feuillade. Il semble que la vie du monde ne lui apporta que déception et douleur. Mère d'enfants maléficiés ou indignes, travaillée elle-même par d'affreuses maladies, l'âme pleine du remords de s'être montrée, croyait-elle, une épouse adultère de Jésus-Christ, elle eût souhaité « d'être à Port-Royal, paralytique toute sa vie dans un lit, préférablement à l'état où elle se trouvait ». Elle s'éteignit tristement en 1683, à l'âge de quarante-neuf ans, léguant à Port-Royal par son testament trois mille livres, destinées à y faire recevoir une religieuse converse « qui prierait continuellement pour elle et tâcherait de satisfaire par la pénitence et les exercices du cloître au violement de son vœu ».

Or quelle part attribuer à l'intervention de Pascal dans cette touchante existence, mélancolique tour à tour et pieusement agitée? Pascal ne fit-il qu'entrer, pour les entretenir et aviver, dans les sentiments religieux de Mlle de Roannez, une fois que spontanément chez elle ils eurent comme fait explosion, et n'y eut-il dès lors entre ces deux âmes qu'un pur échange de mystiques pensées? Ou bien Pascal osa-t-il lever les yeux sur la sœur du duc de Roannez, songer à en faire sa femme, et finalement,

la terre que dans ceux de l'union avec Dieu et que ce charme victorieux les entraîne et, les faisant repentir de leur premier choix, les rend *des pénitents du diable,* suivant la parole de Tertullien. »

par désespoir d'obtenir une telle alliance, le vit-on
« disputer au monde, pour la donner à la religion,
une personne qui ne pouvait pas être à lui [1] »?
Ou enfin Pascal, sans arrière-pensée intéressée
d'aucune sorte, mais alors qu'avant de s'abîmer
dans la piété il vivait lui-même parmi toutes les
préoccupations mondaines et dans un milieu de
haute galanterie; Pascal n'aurait-il pas éprouvé
pour la jeune Charlotte, chez qui aux grâces de
l'âge s'ajoutait le prestige d'une illustre extraction,
quelques-uns de ces sentiments nobles et tendres,
dont le *Discours sur les passions de l'amour* semble
être resté l'immortel écho?

On a publié récemment quelques-unes des lettres
que durant son séjour à Port-Royal Mlle de Roannez écrivit à sa famille afin de calmer ses colères
et de se faire accorder, après coup, un consentement
qu'elle avait devancé [2]. Dans une lettre notamment

1. Faugère, *Pensées*, etc. Introduction, p. LXIX.

2. Cf. A. Gazier, *Revue politique et littéraire*, 24 novembre
1877. *Le roman de Pascal.* L'auteur de ce travail a su mettre
habilement en œuvre des documents jusque-là négligés ou
ignorés, notamment les lettres de la mère Angélique à la
reine de Pologne, les lettres d'Antoine Arnauld et de Moréri,
les Mémoires de Guilbert sur Port-Royal, des Mémoires inédits du chanoine Godefroi Hermant, des Recueils manuscrits de Mlle de Téméricourt, et enfin un Nécrologe de Port-
Royal également manuscrit. C'est à cette instructive Étude,
parmi quelques inexactitudes et quoique nous en contes-
tions les conclusions, que nous avons emprunté de nouveaux et intéressants détails concernant Mlle de Roannez.

qu'elle adressait à sa mère en juillet 1657, elle proteste que, si elle s'est décidée à embrasser la vie religieuse, « aucune personne au monde ne lui en a donné les premiers mouvements et n'y a contribué de quelque manière que ce soit ; que ce n'a été ni sermon, ni livre, ni discours, mais que c'est de la pure miséricorde de Dieu qu'elle tient sa vocation ». Il faut sans doute l'en croire sur parole et par conséquent conclure que ses proches auraient eu tort de reprocher à Pascal d'avoir décidé la sœur à quitter le monde, comme ils lui en voulurent d'avoir déterminé le frère à garder le célibat. N'y a-t-il pas néanmoins dans les explications mêmes de Mlle de Roannez un ton d'excuse et presque d'allusion qui laisse à penser ? Ce qui demeure indéniable, c'est que si ce ne fut point Pascal qui poussa vers le cloître Charlotte de la Passion, il fit tout pour l'y retenir ou du moins la confirmer et fortifier dans sa vocation. Des lettres nombreuses qu'ils échangèrent, et auxquelles, sous le pseudonyme de M. Du Gas, Singlin, directeur de Mlle de Roannez, joignait souvent ses propres instructions ; de ces lettres aucune ne nous est parvenue de Mlle de Roannez, et nous ne possédons que des extraits de neuf lettres de Pascal [1], d'où ont été tirées beaucoup de pensées chrétiennes et de pensées sur les miracles.

1. Faugère, *Pensées*, etc., t. I, p. 35 et suiv. *Extraits de quelques lettres à Mlle de Roannez.*

Mais certainement ces fragments de correspondance suffisent à attester quel ascendant celui-ci exerçait sur la jeune néophyte. Circonstance, en outre, remarquable! Ce n'est qu'à dater de la mort de Pascal, en 1662, que Mlle de Roannez commencera à se sentir gagnée par la tiédeur, et comme si la famille de Pascal eût été pour les Roannez une excitation supérieure et nécessaire de piété, le duc de Roannez déplorera que ses affaires rappellent à Clermont Mme Perier, lui exprimant l'appréhension, en effet prochainement justifiée, que son absence, Singlin étant décédé, ne devienne à sa sœur une occasion d'abandonner la vie religieuse naguère embrassée par elle avec une si indomptable volonté [1].

Ainsi, d'une part, c'est d'elle-même (car le moyen, après tout, d'infirmer sa déclaration?), c'est d'elle-même que Mlle de Roannez s'est sentie pressée de prendre le voile, et, d'un autre côté, par les exhortations qu'il lui adresse, soit durant le séjour quasi forcé qu'elle fait en Poitou, soit après son retour à Paris, Pascal a pris à tâche et réussi à la maintenir, lui vivant, dans ses saintes résolutions. Ce sont là deux points hors de conteste et auxquels, manifestement, on devrait s'en tenir, s'il était avéré que ce fût seulement à l'époque du miracle de la Sainte-Épine, en 1656, que Pascal connut pour la pre-

_____

1. Faugère, *Pensées*, etc., t. I, p. 38, *Extrait de la notice de Marguerite Perier sur M. et Mlle de Roannez.*

mière fois Mlle de Roannez, se sentant uniquement « transi de respect envers elle comme envers ceux que Dieu semble avoir choisis pour ses élus [1] ». Mais en fut-il ainsi? Il est permis d'en douter.

Comment supposer en effet que Roannez, qui probablement dès la fin de 1647 avait admis Pascal dans son intimité; qui, « ne pouvant se passer de le voir », l'associait à ses voyages en Poitou; qui enfin, à Paris même, lui avait réservé près de lui une chambre, où en 1654 Pascal faillit être poignardé par une concierge qu'exaspérait son ascendant sur le jeune duc; comment imaginer que, près de neuf années durant, Pascal soit resté le familier, l'hôte assidu du duc de Roannez, sans soupçonner en quelque sorte, et sous le même toit, l'existence de la sœur puînée de son ami? Cela passe toute créance. Il est beaucoup plus vraisemblable, au contraire, que Pascal ne tarda guère, une fois introduit dans l'hôtel de Roannez, à être présenté à Mlle de Roannez, qu'il la vit s'épanouir dans tout l'éclat de la jeunesse et peut-être faudrait-il ajouter de la beauté, si par malheur son portrait ne nous manquait de même que ses lettres

---

1. Faugère, *Pensées,* etc., t. I, p. 42, *Lettre à Mlle de Roannez.* « Quand je prévois la fin et le couronnement de l'ouvrage de Dieu par les commencements qui en paraissent dans les personnes de piété, j'entre en une vénération qui me transit de respect envers ceux qu'il semble avoir choisis pour ses élus. »

à Pascal [1]. Dès lors, pourquoi s'étonner que cette charmante image ait pu, ne fût-ce qu'un instant, occuper le cœur de Pascal? Descartes ne s'était-il point montré comme ébloui des attraits de sa royale élève la princesse Palatine Élisabeth, et ce médita-tif, qui devait traiter des passions *more geometrico*, à la manière des géomètres, et comme s'il était ques-tion de lignes, de surfaces ou de solides, Spinoza n'avait-il pas soupiré pour la fille de son maître de latin Van den Ende, la belle Miriam?

Aussi bien, comment ne pas trouver de l'émo-tion de Pascal un témoignage presque irrécusable dans le *Discours sur les passions de l'amour*, dont on s'accorde à rapporter la composition vers l'année 1652 ou 1653? En vain objecterait-on que ce *Dis-cours*, attribué simplement à Pascal, pourrait bien, après tout, n'avoir point Pascal pour auteur. La main de Pascal s'y trahit à chaque ligne. Vaine-ment encore s'aviserait-on d'observer que si Cor-neille, par exemple, a pu pertinemment faire parler Auguste, sans jamais avoir été mêlé aux grandes affaires, Pascal a pu, de son côté, éloquemment discourir des passions de l'amour, sans jamais les avoir lui-même ressenties. Il n'en est pas de la

---

1. Dans les derniers jours de sa vie, Mlle de Roannez fit jeter au feu son portrait, en même temps que, sur les insistances du duc de la Feuillade, étaient brûlées des lettres qu'elle aurait voulu léguer à une personne amie et parmi lesquelles peut-être sa correspondance avec Pascal se trouvait comprise.

politique comme de l'amour. A force de méditations et de lectures, un tragique de génie peut
s'élever aux pensées ou même aux sentiments d'un
homme d'État. L'amour est une pulsation de vie
qui ne s'apprend ni ne s'imagine ; il faut l'avoir
éprouvé pour le connaître, et Racine assurément
n'eût jamais créé de si touchants personnages, s'il
n'avait lui-même tendrement aimé.

D'ailleurs qu'on relise le *Discours sur les passions de l'amour*, et qu'on se demande si c'est bien
là simplement une pièce de rhétorique laborieu-
sement préparée pour enlever les suffrages dans
le salon de la marquise de Sablé. Nous l'avouons
sans difficulté et nettement : jusqu'en 1656, faute
de renseignements précis, on en est réduit aux conjectures pour tout ce qui concerne les rapports de
Mlle de Roannez et de Pascal. Mais outre que ces
conjectures en quelque façon s'imposent et que s'il
est court et commode, il n'est guère satisfaisant de
les repousser d'emblée par une fin de non-recevoir
peu péremptoire, combien celles que nous propo-
sons ne deviennent-elles pas plus plausibles, lorsqu'on les rapproche de certains passages du fameux
Discours !

« On a beau se cacher, on aime toujours », écrit
Pascal [1]. » Et encore : « l'homme seul est quelque

_____
1. Faugère, *Pensées*, etc., t. I, p. 107.

chose d'imparfait, il faut qu'il trouve un second pour être heureux. Il le cherche bien souvent dans l'égalité de condition, à cause que la liberté et que l'occasion de se manifester s'y rencontrent plus aisément. Néanmoins l'on va quelquefois bien au-dessus et l'on sent le feu s'agrandir quoiqu'on n'ose pas le dire à celle qui l'a causé! Quand on aime une dame sans égalité de condition, l'ambition peut accompagner le commencement de l'amour; mais en peu de temps il devient le maître. C'est un tyran qui ne souffre point de compagnon; il veut être seul; il faut que toutes les passions ployent et lui obéissent. Une haute amitié remplit bien mieux qu'une commune et égale le cœur de l'homme, et les petites choses flottent dans sa capacité; il n'y a que les grandes qui s'y arrêtent et qui y demeurent [1]. »

Cependant, jusqu'où raisonnablement peuvent et doivent être poussées ces conjectures? Pascal, à un moment quelconque, alors surtout qu'il songeait à acheter une charge et à se marier, Pascal, malgré la distance des rangs (descendant d'un trésorier de France qu'avait anobli Louis XI, associé par ses entours au meilleur monde, et déjà célèbre lui-même parmi les savants [2], il n'était pourtant

1. Faugère, *Pensées*, etc., t. I, p. iii.
2. Voyez la *Muse historique de Loret*, L. 111, L., 14ᵉ éd. Livet.

    « Je me rencontrai l'autre jour
    Dedans le petit Luxembour,

pas de petite condition); Pascal avait-il conçu le
désir et nourri l'espoir de s'allier à la famille des
Roannez? Ou bien quelque autre femme du grand
monde, la Sapho, par exemple, dont parle Fléchier,
aurait-elle fait sur lui une impression même passa-
gère[1]? « Cette demoiselle (qui était la Sapho du
pays) était aimée par tout ce qu'il y avait de beaux
esprits... M. Pascal qui s'est depuis acquis tant de
réputation et un autre savant étaient continuellement auprès de cette belle savante. » Fléchier, qui
séjourna à Clermont de 1665 à 1666, semble avoir
été fort à même d'être bien informé. Et il est,
d'autre part, constant que Pascal, venu à Clermont
en mai 1649, y resta jusqu'en novembre 1650. Toutefois, Fléchier a pu ici, comme il l'a fait ailleurs à

> Auquel beau lieu que l'on bénie,
> Se trouve grande compagnie
> Tant duchesses que cordons bleus,
> Pour y voir les effets merveilleux
> D'un ouvrage d'arithmétique
> Autrement de mathématique,
> Où, par un secret sans égal,
> Son rare auteur nommé Pascal
> Fit voir une spéculative
> Si claire et si persuasive
> Touchant le calcul et le jet
> Qu'on admire son grand projet;
> Il fit encore sur des fontaines
> Des démonstrations si pleines
> D'esprit et de subtilité,
> Que l'on vit bien en vérité
> Q'un très beau génie il possède
> Et l'on le traite d'Archimède. »

1. *Mémoires sur les Grands Jours d'Auvergne en 1665*
Paris, 1856, in-8, p. 79.

propos de Pascal, se méprendre et le confondre avec quelque parent du même nom. Au demeurant, qui se flatterait de pouvoir répondre pertinemment à la question de savoir si Pascal a aimé? et n'est-il pas déjà comme indiscret ou téméraire de se l'être posée? En tout cas, et à aucun degré, nous ne ferons à Pascal l'injure de croire que ce soit par dépit qu'il ait suscité ou même encouragé les dispositions religieuses de sœur Charlotte de la Passion. Son caractère altier devait le préserver de ce bas et hypocrite désespoir. Nous ne songeons pas davantage à soutenir que Pascal ait jamais été amoureux, dans le sens un peu matériel que d'ordinaire on attache à cette expression. Ce que nous persistons à penser, gardant ainsi, nous semble-t-il, une juste mesure, c'est que, avant d'entrer en commerce pieux avec Mlle de Roannez et en sollicitude pour une âme qu'il était ravi d'assurer à Dieu, Pascal n'est peut-être pas resté complètement insensible aux agréments de son esprit et aux charmes de sa personne. De là, chez lui, l'émotion chaste et profonde qu'il s'est appliqué à contenir, mais qui passée dans quelques-uns de ses écrits, et très particulièrement dans le *Discours sur les passions de l'amour*, suffit à démentir la sécheresse ou même la dureté de cœur qu'on lui a parfois reprochée.

Effectivement, à en croire certains censeurs, Pascal, qui peu après sa première conversion, se mon-

trait sans pitié pour un obscur religieux, coupable,
suivant lui, d'avoir prononcé quelques discours
hétérodoxes et qu'il n'avait pas craint de dénoncer
aux sévérités de l'archevêque de Rouen; Pascal, à
la mort de son père, comme à la mort de sa sœur,
aurait témoigné d'une sorte d'insensibilité cho-
quante. Il y a plus : dégagé de tout intérêt humain,
mais aussi de toute affection humaine, et déclarant
souverainement injuste qu'on s'attachât à lui, ne
blâmait-il pas les caresses que Mme Perier faisait à
ses enfants, ou n'allait-il pas même jusqu'à pros-
crire, à l'égal d'une pensée sacrilège, un projet de
mariage sur lequel elle le consultait pour sa fille,
Jacqueline Perier [1]? Et cette espèce de dur ascétisme ne devenait-il point chez Pascal d'autant
plus rebutant et condamnable qu'il s'y mêlait, dans
les détails de la vie, un mépris calculé du soin de
sa personne et comme un oubli des convenances,
que sœur de Sainte-Euphémie elle-même ne pouvait
s'empêcher de lui reprocher? « On m'a congratulée,
lui écrivait-elle, en décembre 1655, dans une lettre
souvent citée; on m'a congratulée pour la grande
ferveur qui vous élève si fort au-dessus de toutes les
manières communes, que vous mettez les balais au
rang des meubles superflus. Il est nécessaire que
vous soyez, au moins durant quelques mois, aussi

1. Faugère, *Lettres, opuscules et mémoires*, etc., p. 436.

propre que vous êtes sale, afin qu'on voie que vous réussissez aussi bien dans l'humble diligence et vigilance sur la personne qui vous sert, que dans l'humble négligence de ce qui vous touche; et, après cela, il vous sera glorieux et édifiant aux autres, de vous voir dans l'ordure, s'il est vrai toutefois que ce soit le plus parfait, dont je doute beaucoup, parce que saint Bernard n'était pas de ce sentiment [1]. »

Rarement existence de penseur a été, autant que celle de Pascal, scrutée dans ses derniers replis et jugée avec plus de passion aveugle ou même de malveillance préconçue. C'est ainsi qu'on s'étonne de voir Victor Cousin, à propos de la prétendue persécution du Frère Saint-Ange [2] de même qu'à l'occasion des malheurs de Mlle de Roannez, affecter des airs tragiques, et, en ces deux circonstances, noter presque Pascal d'infamie. « Je n'ai point à faire connaître, écrit-il et s'écrie-t-il, la pieuse et cruelle entreprise de Port-Royal sur Mlle de Roannez, cette noble et aimable personne, qu'un zèle farouche disputa si longtemps aux liens les plus légitimes de la nature et du monde, et qui, divisée avec elle-même dans ce terrible combat, finit par

1. Faugère, *Lettres, opuscules et mémoires*, etc., p. 374 et suiv.

2. Ex-capucin, du nom de Jacques Forton, dit Frère Saint-Ange, auteur d'un livre intitulé *Méditations théologiques*, publié en 1645.

mourir misérablement, chargée des anathèmes de
Port-Royal, malheureuse et désespérée d'avoir été
une fille soumise et une épouse irréprochable. Je
veux détourner les yeux de cet épisode de la vie
de Pascal, au temps de sa grande conversion, plus
triste encore que celui qui marqua sa conversion
première, je veux dire la dénonciation portée par
Pascal et deux de ses amis contre un pauvre religieux de Rouen, nommé Saint-Ange, coupable de
s'être permis, et encore dans des entretiens confi-
dentiels, quelques explications hasardées des saints
mystères [1]. » Nous savons déjà à quoi nous en tenir
relativement à Mlle de Roannez ; ne parlons donc que
du Frère Saint-Ange. Sans doute, toute âme bien née
éprouve pour la dénonciation une aversion insur-
montable. Dénonciation religieuse, dénonciation politique, tout cela est hideux. Néanmoins, il importe
de s'entendre. Bossuet, par exemple, pour avoir
dénoncé la fausse et dangereuse mysticité de Fénelon, Bossuet devrait-il donc être voué à l'animad-
version publique? A la vérité, un laïque n'a charge
que de lui-même et n'a reçu la garde d'aucune
espèce d'orthodoxie. Mais, d'une part, il faudrait
savoir se reporter à un temps qui n'était certes pas
le nôtre, et considérer, en outre, que Pascal n'agit
pas seul, mais avec un groupe d'amis. D'un autre

1. *Des Pensées de Pascal,* Paris, 1847, in-8, p. 57 et suiv.
Cf. Bibliothèque de l'École des Chartes (novembre 1842).

côté, il conviendrait de connaître d'une manière exacte tout le détail relatif à ce Frère Saint-Ange, qui, aussi bien, se résigna fort sagement à se taire et ne semble avoir été condamné à aucun *in-pace* ni *carcere duro*. « Cette affaire se termina douce-ment [1], » dit Mme Perier. Ce religieux intempé-rant avait apparemment mérité d'être admonesté, puisqu'il le fut, et ce petit incident n'offrait vraiment point assez d'importance pour que Victor Cousin fît éclater tant de vertueuse indignation. Il y aurait lieu enfin de tenir compte chez Pascal et du zèle de néophyte et de cette impétuosité de nature qui, plus tard, l'emportait à des exagérations de renon-cement ou de rigorisme que nous ne prétendons point complètement amnistier, mais qui, dans une large mesure, s'expliquent et méritent même, à certains égards, l'applaudissement.

Assurément, la saleté n'est jamais louable, même chez un saint. Mais quand on a été habitué à toutes les douceurs du bien-être et qu'on a pu goûter toutes les délicatesses du luxe, vouloir être nourri comme les pauvres, vêtu comme les pauvres, logé comme les pauvres, ou désirer leur céder même, pour un lit d'hôpital, son propre logis, quel bel excès! Certainement aussi, ce n'était que par exa-gération janséniste que Pascal en venait à confondre

1. Faugère, *Lettres, opuscules et mémoires*, etc., p. 14, Vie de B. Pascal par Mme Perier.

avec les molles et perfides tendresses les marques
innocentes de la plus légitime affection, ou con-
damnait pour sa nièce, qui d'ailleurs, élevée à Port-
Royal, y avait pris de très bonne heure la résolution d'être religieuse [1], l'état si périlleux et tout
profane du mariage. Mais comment reprocher
d'avoir manqué de cœur à celui qui si éloquemment a parlé du cœur en lui assignant, au-dessus
même de l'intelligence, un rôle prépondérant, et
accuser de n'avoir point aimé sa famille le péni-

1. Faugère, *Lettres, opuscules et mémoires*, etc., p. 436 et
suiv. *Mémoire de Marguerite Perier.* « Ma sœur, Jacqueline
Perier, mourut neuf ans après ma mère. C'était une fille
d'un très grand esprit. Nous avions été élevées à Port-Royal,
elle et moi. Elle y prit la résolution d'être religieuse; mais
elle ne put l'exécuter, parce que nous fûmes obligées d'en
sortir par les ordres du roi. Elle avait alors plus de dix-sept
ans, et plus de deux ans au-dessus de moi. Nous avions une
tante qui était veuve de M. Chabre de Riom, qui n'avait
point d'enfants, et qui, en mourant, donna tout son bien à sa
femme. Elle prit là-dessus une résolution de marier ma sœur,
sa nièce, âgée alors de quinze ans, avec le neveu de M. Chabre,
et de lui donner tout son bien et celui que M. Chabre lui
avait donné. Elle m'écrivit à Paris, à mon oncle et à ma
tante qui était religieuse à Port-Royal. Ils en parlèrent à ma
sœur, qui demanda du temps pour y penser, et peu après
se détermina à l'état religieux, ce qu'elle ne put exécuter
lors, parce qu'on ne recevait les filles pour postulantes qu'à
dix-huit ans; mais elle écrivit là-dessus une lettre à ma mère,
qui était très belle et très judicieuse, et elle attendait l'âge
pour entrer au noviciat; elle a toujours vécu dans un très
grand éloignement du monde et continuellement accablée de
maladies. Elle était d'une humeur fort sérieuse et même
assez particulière. Elle ne voyait personne. Toute son occu-
pation était de lire et prier. Elle mourut à Clermont le
9 avril 1695. »

tent humilié, qui, s'examinant sévèrement lui-même, ne laissait pas que d'écrire : « J'ai une tendresse de cœur pour ceux que Dieu m'a unis plus étroitement [1] »? Surtout, comment juger équitablement Pascal et les sentiments chrétiens qui si ardemment l'animent, quand on professe soi-même des sentiments païens ou du moins purement humains? Ainsi la nature humaine répugne entièrement à la souffrance, et, pénétré par la grâce, Pascal jeune encore bénit la douleur dans cette sublime prière où il demande à Dieu le bon usage des maladies [2]. Nous inclinons tous à nous faire le centre de tout, et Pascal, sans attache mais non sans affection, impitoyablement et dissipant toute illusion, constate que personne ne peut être pour lui, de même qu'il ne peut être pour personne, le support de rien ; car finalement « nous mourrons seuls [3] ». Nous sommes portés à ne voir dans la

1. Faugère, *Lettres, opuscules et mémoires*, etc., p. 36.

2. *Id., Pensées*, etc., t. I, p. 65 et suiv. ; Faugère assigne pour date à cette *Prière* la fin de 1647. C'est aussi à cette même année ou à l'année suivante qu'il rapporte le morceau intitulé : *Écrit sur la conversion du pécheur. Ibid.*, p. 81.

3. Cf. *Vie de Pascal* par Mme Perier. « Pour avoir toujours présent ce principe qu'un cœur ne doit être qu'à Dieu seul, mon frère l'avait écrit de sa main sur un petit papier où il y avait ces mots : « Il est injuste qu'on s'attache à moi, quoiqu'on le fasse avec plaisir et volontairement. Je tromperais ceux en qui je ferais naître ce désir, car je ne suis la fin de personne, et je n'ai pas de quoi les satisfaire. Ne suis-je pas prêt à mourir? et ainsi l'objet de leur attachement mourra donc. Comme je serais coupable de faire

mort de nos proches qu'une perte irréparable, d'où suivent des gémissements qui ne veulent par aucune consolation être apaisés. Pascal, après la mort de son père, surmontant en quelque façon le deuil qui, en même temps que tous les siens, le consterne, Pascal adresse à M. Perier « un discours, bien consolatif, dit-il, à ceux qui ont assez de liberté d'esprit pour le concevoir au fort de la douleur [1] ». Et en effet, quoique la blessure de Pascal soit encore toute saignante, et malgré les regrets qui l'oppressent, tout son discours se résume dans ces paroles d'invincible espérance, par où il en appelle de ce que voient les yeux du corps à ce qu'aperçoivent, éclairés par la foi, les yeux de l'esprit. « Ne considérons plus la mort comme des païens, mais comme des chrétiens, c'est-à-dire avec l'espérance, comme saint Paul l'ordonne, puisque c'est le privilège spécial des chrétiens. Ne considérons plus un corps comme une charogne infecte, car la nature trompeuse le considère de la sorte, mais

---

croire une fausseté, quoique je la persuadasse doucement et qu'on la crût avec plaisir, et qu'en cela on me fît plaisir; de même je suis coupable si je me fais aimer. Et si j'attire les gens à s'attacher à moi, je dois avertir ceux qui seraient prêts à consentir au mensonge, qu'ils ne le doivent pas croire, quelque avantage qu'il m'en revînt; et de même, qu'ils ne doivent pas s'attacher à moi, car il faut qu'ils passent leur vie et leurs soins à plaire à Dieu ou à le chercher. »

1. Faugère, *Pensées, fragments et lettres de Pascal*, t. I, p. 18.

comme le temple inviolable et éternel du Saint-
Esprit, comme la foi l'apprend... Ne considérons
plus un homme comme ayant cessé de vivre, quoique la nature le suggère; mais comme commen-
çant à vivre, comme la vérité l'assure. Ne considérons plus son âme comme périe et réduite au
néant, mais comme vivifiée et unie au souverain
vivant; et corrigeons aussi, par l'attention à ces
vérités, les sentiments d'erreur qui sont si em-
preints en nous-mêmes et ces mouvements d'horreur qui sont si naturels à l'homme [1]. » Et Pascal
très humainement n'ajoutait-il pas : « Je prie Dieu
de former et maintenir en nous ces sentiments et
de continuer ceux qu'il me semble qu'il me donne
d'avoir pour vous et pour ma sœur plus de tendresse que jamais; car il me semble que l'amour
que nous avions pour mon père ne doit pas être
perdu, et que nous en devons faire une réfusion sur
nous-mêmes, et que nous devons principalement
hériter de l'affection qu'il nous portait pour nous
aimer encore plus cordialement s'il est possible [2]. »
Ce seront là les mêmes sentiments de douce et
confiante résignation qu'éprouvera Pascal, lorsque,
de nouveau frappé dans ce qu'il avait de plus cher,
il viendra à perdre cette sœur Jacqueline, à laquelle

1. Faugère, *Pensées,* etc., t. I, p. 25 et suiv.
2. *Ibid.,* p. 32 et suiv. Cf. *Ibid.,* p. 253. « Il faut plaire à
ceux qui ont les sentiments humains et tendres. »

l'unissait une si fraternelle à la fois et si reconnais-
sante affection; dont le commerce lui était devenu
si précieux qu'il avait voulu la disputer au cloître
après la lui avoir vouée [1]; chez laquelle il devait,
à son tour, rencontrer son inspiration suprême et
sa direction la plus sûre; qui enfin lui était presque
en tout si semblable, et par la beauté du plus pré-
coce génie, et par la fierté du caractère, et par la
sainte quoique parfois aveugle opiniâtreté de la

1. Qu'on lise la lettre pathétique, éloquente, dans laquelle
Jacqueline conjure son frère, dont elle se croit obligée
d'obtenir le consentement, quoique résolue d'ailleurs à s'en
passer, de ne point s'opposer à sa vocation. Cf. Faugère,
Lettres, opuscules et mémoires, etc., p. 334 et suiv. *Lettre de
la sœur Jacqueline de Sainte-Euphémie Pascal à M. Pascal,
son frère.* A Port-Royal du Saint-Sacrement, 7 mars 1652.
« Je m'adresse à vous, écrit Jacqueline, comme au maître
en quelque façon de ce qui me doit arriver, pour vous
dire : ne m'ôtez point ce que vous n'êtes pas capable de
me donner; car encore que Dieu se soit servi de vous
pour me procurer le progrès des premiers mouvements
de sa grâce, vous savez assez que c'est de lui seul que
procède tout l'amour et toute la joie que nous avons
pour le bien, et qu'ainsi vous êtes bien capable de troubler la mienne, mais non pas de me la redonner si une
fois je viens à la perdre par votre faute... n'empêchez pas
ceux qui font bien et faites bien vous-même, ou, si vous
n'avez pas la force de me suivre, au moins ne me retenez
pas... je vous prie de ne pas détruire ce que vous avez
édifié... » Et Jacqueline, abandonnant les formules de respect qu'elle emploie envers celui qu'elle considère comme
le chef de la famille, finit par ne plus voir en Pascal qu'un
frère tendrement aimé. « J'attends ce témoignage d'amitié
de toi principalement, dit-elle en finissant, et te prie pour
mes fiançailles qui se feront, Dieu aidant, le jour de la
Sainte-Trinité. »

passion. Certes Pascal déplorera la mort de sœur de Sainte-Euphémie; mais les pleurs que lui arrachera la tristesse humaine deviendront, transformés par un divin espoir, des larmes de joie. Qu'on ne parle donc plus de l'insensibilité de Pascal, mais plutôt que l'on sache comprendre les parties hautes de ce noble esprit et les aspirations de cette grande âme!

C'est aussi, nous semble-t-il, faute d'en avoir suffisamment pesé les termes et sans même en remarquer le ton d'aristocratique dédain, qu'on s'est si fort offusqué de la lettre dans laquelle Pascal, déconseillant Mme Perier, au nom de ses amis et au sien, de s'arrêter aux propositions de mariage qu'on lui faisait pour une de ses filles, déclare à sa sœur que « les dernières paroles de ces Messieurs sont que d'engager un enfant à un homme du commun c'est une espèce d'homicide et comme un déicide en leurs personnes [1] ».

Un homme du commun! Fallait-il donc à Pascal pour sa nièce un prince ou du moins un duc comme Roannez? Ce n'était point précisément ainsi que Pascal le comprenait. « Les maris, quoique riches et sages, suivant le monde, observait-il, sont en vérité de francs païens devant Dieu [2]. » Ce qu'il eût fallu à Pascal, c'eût été plus qu'un prince : un vrai

---

1. Faugère, *Pensées, lettres et fragments de Pascal*, t. I, p. 56.
2. *Id.*, *ibid.*

chrétien! Encore, s'accordant en cela avec les plus
illustres des Pères et ne faisant, après tout, que
s'accommoder au plus pur esprit de l'Église, met-
tait-il fort au-dessus de la condition tout humaine
du mariage et conséquemment était-il fondé à sou-
haiter pour les siens, comme le bien le plus excel-
lent, la condition quasi surhumaine de la virginité. « Quoi que votre union soit toute légitime
et toute sainte, écrivait Jacqueline elle-même à
M. Perier en lui parlant de Mme Perier, il y a
encore quelque chose de plus parfait [1]. » Et évidemment, ce qui du reste n'est pas très à craindre,
si cette doctrine finissait par universellement pré-
valoir, le genre humain ne tarderait guère à dispa-
raître, tandis que son incessante recrue est comme
la réalisation perpétuelle de ces divines paroles :
« Croissez et multipliez! » lesquelles portent en
elles-mêmes une bénédiction. Aussi cette doctrine
n'est-elle pas faite pour la foule. Non seulement
c'était en des temps critiques et d'une difficulté
exceptionnelle, que les Pères prêchaient la virginité
ou le célibat, les opposant comme de salutaires exemples à toutes les dépravations de la chair, de même
qu'aux débordements du luxe ils opposaient la pauvreté et une solitude réparatrice à un tumulte de
vie corrupteur, mais leurs conseils ne s'adressaient

---

1. Faugère, *Lettres, opuscules et mémoires,* etc., p. 347.

expressément qu'à ces âmes d'élite, dont Plotin disait lui-même « qu'elles mènent une vie d'ange dans un corps mortel ». C'était l'enseignement classique des Pères. « Ils représentent la virginité, écrivait Bossuet, comme une espèce de milieu entre les esprits et les corps; et saint Augustin l'entend de la sorte, lorsqu'il parle en ces termes des vierges sacrées : Elles ont, dit-il, en la chair quelque chose qui n'est pas de la chair et qui tient de l'ange plutôt que de l'homme : *habent aliquid jam non carnis in carne.* Les esprits et les corps, voilà les extrémités opposées; la virginité, voilà le milieu qui participe de l'une et de l'autre. Elle en est la chair, disait saint Augustin; c'est par là qu'elle tient aux hommes; mais elle a, dit-il, dans la chair quelque chose qui n'est pas la chair; c'est par là qu'elle touche aux anges ; tellement qu'elle est le milieu entre les esprits et les corps. C'est une perfection des hommes, mais c'est un écoulement de la vie des anges [1]. » Telle était sur la virginité, et à la suite de saint Augustin, l'opinion de Pascal. Conséquemment, pour quiconque ignore ou repousse cette théologie, il est impossible d'entendre Pascal. On ne parle pas la même langue que lui.

C'est également une critique sans valeur que celle

---

1. *Sermon pour une profession,* prêché le jour de l'Épiphanie.

qu'on élève contre Pascal, lorsqu'à l'occasion des
sentiments que lui inspirait le miracle de la Sainte-
Épine, on taxe Pascal de superstition. Quoi qu'il
en ait pu être de la guérison réputée miraculeuse
de la petite Perier [1], il y a là une question de prin-

1. On ne peut s'empêcher de regretter, en tout cas, que
Pascal ait fait du miracle de la Sainte-Épine en quelque
sorte sa chose, un objet d'orgueil pieux et comme un
argument de polémique. « Mon frère, notait Mme Perier,
fut sensiblement touché de cette grâce, qu'il regardait
comme faite à lui-même, puisque c'était sur une personne
qui, outre sa proximité, était encore sa fille spirituelle dans
le baptême; et sa consolation fut extrême de voir que Dieu
se manifestait si clairement dans un temps où la foi parais-
sait comme éteinte dans le cœur de la plupart du monde. »
D'autre part, si l'on en croit le Recueil d'Utrecht, quelques
jours auparavant Pascal avait déclaré que des miracles
étaient nécessaires; aussi fut-il pénétré de voir, dit le
Recueil, « que Dieu s'intéressait, si l'on peut parler ainsi,
à la parole qu'il avait donnée ». Enfin, c'était avec le plus
grand sérieux que Pascal écrivait à Mlle de Roannez : « Il
s'est fait un miracle depuis votre départ, à une religieuse
de Pontoise, qui sans sortir de son couvent, a été guérie
d'un mal de tête extraordinaire par une dévotion à la
Sainte-Épine. » Faugère, *Pensées*, etc., t. 1, p. 4.
L'engouement de Jacqueline, et, apparemment, de tout
Port-Royal, ne fut pas moindre que celui de Pascal. Cf. Faugère, *Lettres, opuscules et mémoires*, p. 385. *Lettre de la sœur
Jacqueline de Sainte-Euphémie à Mme Perier*. « Tout le
monde murmure contre M. Perier de s'en être allé dans le
temps où il fallait venir : chacun dit qu'il était bien hâté
et que cela serait le mieux du monde s'il était présent à la
cérémonie (en actions de grâces de la guérison miraculeuse
de sa fille); mais la mère Agnès n'est pas de ce sentiment,
elle dit que cela est bien mieux ainsi, et que Dieu veut
montrer que comme il a bien guéri sa fille sans lui, il n'a
que faire de lui pour en publier le miracle. Voilà ce qu'il a
gagné à n'avoir pas six jours de patience, et outre cela il

cipe et de logique, laquelle irrémédiablement divise
et ceux qui ramenant tout à la nature font de la
nature elle-même un Dieu aveugle et nécessité, et
ceux qui, au-dessus de la nature, admettent une
activité intelligente qui, après avoir créé le monde,
lui reste immanente, et librement, en le conservant,
le dirige par des voies générales, dont se trouvent
inséparables les voies particulières. Ce serait, à
propos des miracles, toute une discussion de métaphysique à instituer. Mais c'est, au contraire, à
une simple question de fait, pour peu qu'on veuille
se rendre attentif, très facile à élucider, que se
ramènent tous les lieux communs que, depuis Voltaire et Condorcet, on s'est accoutumé à reproduire sur ce que Condorcet a, le premier, appelé
« l'amulette » de Pascal.

Quand on prend souci de savoir ce que parler
veut dire et qu'on attribue à l'expression d'amulette
le sens qui lui appartient, on reconnaît que ce mot
désigne tout objet portatif auquel s'attache une
confiance superstitieuse. A ce compte, le papier que
Pascal conservait cousu dans ses vêtements peut-il
être appelé une amulette, non plus que la ceinture
à pointes de fer dont il ceignait ses reins ? Ou bien,

a perdu l'exercice de sa charge de vérificateur des miracles
qui lui en eut donné, à ce que l'on dit, plus que jamais,
parce qu'il s'en fait très souvent. » Déjà on peu presque
entrevoir les miracles du diacre Paris.

seraient-ce les paroles inscrites sur ce papier, qu'on devrait incriminer comme entachées de superstition? Ou enfin et surtout ne faudrait-il voir, dans une telle habitude et dans la dévotion que chez Pascal elle accompagnait, que le résultat morbide, après quelque grand péril couru, d'une espèce d'ébranlement ou d'une vive surexcitation du cerveau?

Nous ne pouvons que le répéter. Rien de plus simple, de plus raisonnable et de plus humain tout ensemble, ou de plus fréquemment confirmé par la pratique journalière, que le désir qu'avait éprouvé Pascal de ne point se séparer d'une pièce où il avait consigné ses suprêmes résolutions. Ce ne lui était certes point là un talisman sur lequel il comptât pour forcer la fortune ou conjurer aucun danger. Une telle interprétation serait aussi erronée que pitoyable. Ce lui était un mémento qui d'une manière sensible lui rendait sans cesse présentes les idées de vie nouvelle qu'il s'était formées, de même que par le pressement de son cilice il se tenait toujours prêt à réprimer le moindre mouvement d'orgueil qui pouvait lui monter au cœur [1].

---

1. Cf. *Vie de Pascal* par Mme Perier. « Mon frère prenait dans les occasions une ceinture de fer pleine de pointes, il la mettait à nu sur sa chair, et lorsqu'il lui venait quelque pensée de vanité ou qu'il prenait quelque plaisir au lieu où il était, ou quelque chose semblable, il se donnait des coups de coude pour redoubler la violence des piqûres, et se faisait ainsi souvenir lui-même de son devoir. »

On ne l'a point, au surplus, assez remarqué, bien qu'il suffise en quelque sorte d'ouvrir les yeux pour tirer de la lecture des écrits de Pascal cette observation. Les paroles consignées sur le fameux papier ou parchemin, quelles sont-elles? En substance absolument les mêmes que celles que Pascal destinait à son *Apologie de la religion chrétienne*, lorsqu'il écrivait : « Le Dieu des chrétiens ne consiste pas en un Dieu simplement auteur des vérités géométriques et de l'ordre des éléments; c'est la part des païens et des Épicuriens. Il ne consiste pas seulement en un Dieu qui exerce sa Providence sur la vie et le bien des hommes, pour donner une heureuse suite d'années à ceux qui l'adorent; c'est la portion des Juifs. Mais le Dieu d'Abraham, le Dieu d'Isaac, le Dieu de Jacob, le Dieu des chrétiens, est un Dieu d'amour et de consolation. C'est un Dieu qui remplit l'âme et le cœur qu'il possède; c'est un Dieu qui leur fait sentir intérieurement leur misère et sa miséricorde infinie; qui s'unit au fond de leur âme; qui la remplit d'humilité, de joie, de confiance, d'amour; qui la rend incapable d'autre fin que de lui-même [1]. » Entre ces effusions et celles qui se trouvent consignées sur la prétendue amulette, où est, je le demande, sauf le tour qui devient comme lyrique lorsque Pascal ne parle que pour

---

1. Faugère, *Pensées*, etc., t. II, p. 116.

lui-même; où est, dans l'expression, la différence
essentielle que l'on puisse signaler? Il est vrai qu'en
tête de ce morceau et à la date du 23 novembre
1654 se lit cette mention, qui, au premier aspect,
peut paraître étrange : « depuis environ dix heures
et demie du soir jusqu'à environ minuit et demi,
Feu. » Mais qui ne comprend tout de suite de quel
feu il s'agit? « Esprit saint , Esprit pacifique ,
s'écriait Bossuet dans son *Sermon pour la profession de foi de Mlle de Lavallière*, je vous ai préparé les voies en prêchant votre parole. Ma voix
a été semblable peut-être à ce bruit impétueux qui
a prévenu votre descente; descendez maintenant, ô
feu invisible; et que ces discours enflammés que
vous ferez au dedans des cœurs, les remplissent
d'une ardeur céleste! Faites-leur goûter la vie éternelle qui consiste à connaître et à aimer Dieu :
donnez-leur un essai de la vision, dans la foi; un
avant-goût de la possession, dans l'espérance; une
goutte de ce torrent de délices qui enivre les bien-
heureux, dans les transports célestes de l'amour
divin. » Et Bossuet lui-même, s'exprimant ainsi,
que faisait-il autre chose que commenter ces paroles de saint Mathieu : « C'est lui qui vous bap-
tisera dans l'Esprit saint et dans le feu [1]. » Le feu
invisible et divin, voilà donc le feu qui, dans la nuit

1. *Évang.*, III, XI.

du 23 novembre 1654, illumina Pascal. C'était, à certains égards, ce même feu qui illuminait Descartes durant cette journée du 10 novembre 1619, qu'il notait en marge de ses *Olympiques* : « *X novembris 1619, cum plenus forem enthusiasmo et mirabilis scientiæ fundamenta reperirem;* le 10 novembre 1619, alors que je me sentais plein d'enthousiasme et que je découvrais les fondements de la science admirable [1]. » Mais tandis que chez Descartes cet enthousiasme, tout en le pénétrant jusqu'au plus profond de son être, se traduit par des élans qui ne l'élèvent qu'aux conceptions de la science; chez Pascal, c'est vraiment l'Esprit saint, l'Esprit pacifique qui descend en lui pour inonder de clarté et de paix son cœur contrit et humilié, *cor contritum et humiliatum.* « *Comminutum cor.* Saint Paul. Voilà, écrivait l'auteur des *Pensées,* le caractère chrétien [2]. »

C'est là néanmoins ce qu'on n'a pas craint d'appeler la vision, l'hallucination de Pascal, irritation cérébrale, précédée ou suivie d'une névrose, que de longue date aurait préparée l'état épileptique ou cataleptique de sa toute première enfance [3]; que

---

1. Foucher de Careil, *Œuvres inédites de Descartes,* Paris, 1859, in-8°. Préface, ij.

2. Faugère, *Pensées,* etc., t. I, p. 260.

3. *Id., Lettres, opuscules et mémoires,* etc., p. 447 et suiv. Dans son *Mémoire* sur la vie de son oncle, Marguerite Perier a raconté longuement la maladie extraordinaire dont

l'accident du pont de Neuilly aurait déterminée et qui, « en précipitant Pascal dans l'amour de Dieu », aurait créé aussi pour son imagination blessée l'abîme qu'il se figurait ouvert à ses côtés. Bossut lui-même, dans son *Discours sur la Vie et les Ouvrages de Pascal*, s'approprie cette légende, sans se préoccuper le moins du monde de l'appuyer d'aucune preuve. « Un jour du mois d'octobre 1654, écrit-il, Pascal étant allé se promener, suivant sa coutume, au pont de Neuilly, dans un carrosse à quatre chevaux, les deux premiers prirent le mors aux dents vis-à-vis un endroit où il n'y avait pas de garde-fou, et se précipitèrent dans la Seine. Heureusement la première secousse de leur poids rompit les traits qui les attachaient au train de derrière, et le carrosse demeura sur le bord du précipice ; mais on se représente sans peine la commotion que dut recevoir la machine frêle et languissante de Pascal. Il eut beaucoup de peine à revenir d'un long évanouissement ; son cerveau fut tellement ébranlé, que, dans la suite, au milieu de ses insomnies et de ses exténuations, il croyait voir, de temps en temps, à côté de son lit, un précipice prêt à l'engloutir. On attribue à la même cause une espèce de vision ou d'extase qu'il eut peu de temps après,

---

fut atteint Pascal, lorsqu'il eut un an. « Il tomba, dit-elle, dans une langueur semblable à ce que l'on appelle, à Paris, *tomber en chartre.* »

et dont il conserva la mémoire dans un papier qu'il portait toujours sur lui entre l'étoffe et la doublure de son habit[1]. » Pour Victor Cousin lui-même, Pascal est un converti de la peur. « Pascal, un jour, a vu de près la mort sans y être préparé, et il en a eu peur. Il a peur de mourir, il ne veut pas mourir; et, ce parti pris en quelque sorte, il s'adresse à tout ce qui pourra lui garantir le plus sûrement l'immortalité de son âme[2]. »

Quelle manière cependant à la fois grossière, osons le dire, et illogique de concevoir le drame qui s'accomplit dans la conscience de Pascal, lors de sa seconde conversion ! Cette conception est grossière, car elle ramène à un cas pathologique un phénomène de la plus pure spiritualité. Cette conception est illogique, car elle fait d'une extase, qui ne fut qu'une suite et comme un épisode secret d'une conversion ouvertement et depuis longtemps accomplie, le principe même de cette conversion.

Effectivement, ce serait une complète erreur de croire qu'à aucun moment Pascal, de même qu'autrefois saint Paul sur le chemin de Damas, eût été foudroyé par la grâce. En réalité, sa première conversion fut la bonne, conversion qui, aussi bien, consista presque tout entière dans un retour à de plus

1. *Œuvres de Blaise Pascal*, Paris, 1779, t. I, p. 43 et suiv.
2. *Cours d'histoire de la philosophie au XVIIe siècle*, t. I, p. 443, 2e édit.

exactes et ferventes pratiques, après qu'un accident
qui mit en péril les jours de son père lui eut inspiré
à Rouen sur la fragilité humaine de salutaires réflexions, que fortifièrent encore les entretiens de
Jansénistes zélés. A partir de cette époque et pour
ménager sa propre santé chancelante, il eut beau,
se relâchant d'une trop grande contention d'esprit,
se laisser aller, comme par régime, aux plaisirs et
aux distractions de la vie mondaine. Les divertissements ne devaient point parvenir à l'étourdir
ni à le satisfaire. Toutefois ce ne fut que peu à
peu qu'il s'en déprit, après de longues et douloureuses hésitations, de tristes langueurs et de pénibles dégoûts. Sa seconde conversion ne s'opéra que
très lentement.

On n'a besoin, pour s'en convaincre, que de consulter les papiers qui émanent des membres les
plus proches de sa famille.

Et d'abord interrogeons Marguerite Perier. « L'état
où les médecins virent mon oncle, écrit-elle, les obligea de lui défendre toute sorte d'application. Après
s'y être un peu enfoncé, mon oncle prit la résolution de suivre le train commun du monde, c'est-à-
dire de prendre une charge et de se marier ; et prenant ses mesures pour l'un et pour l'autre, il en con-
férait avec ma tante, qui était alors religieuse, qui
gémissait de voir celui qui lui avait fait connaître le
néant du monde, s'y plonger lui-même par de nou-

veaux engagements. Elle l'exhortait souvent à y renoncer; mais l'heure n'était pas encore venue; il l'écoutait et ne laissait pas de pousser toujours ses desseins [1]. »

Et en effet n'était-ce point Pascal qui le premier, et avec la vivacité de sentiments qu'il portait en toutes choses, avait inspiré à Jacqueline la fuite du monde, où, par une contradiction singulière, il avait ensuite cherché à la retenir? Et de même, l'attachement de Pascal pour le monde ne devait-il pas sembler à Jacqueline une autre et très frappante contradiction entre la conduite de son frère et ses discours, une rétractation coupable, presque une désertion. Aussi aurait-elle passionnément désiré le voir là où elle était elle-même. C'est ce qui résulte, bien plus évidemment encore que du *Mémoire* de Marguerite Perier, d'une lettre que, durant une maladie grave de Mme Perier, sœur de Sainte-Euphémie adressait à son beau-frère M. Perier. « Je crois, y disait-elle, que Dieu attend de nous plus qu'une résignation ordinaire, et que nous ne pouvons pas, sans être ingrats des faveurs qu'il a faites à la malade depuis plusieurs années, nous contenter de souffrir qu'il nous reprenne ce qu'il nous avait prêté, si nous ne lui offrons nous-mêmes et si nous ne vou-

1. Faugère, *Lettres, opuscules et mémoires.* etc., p. 453, *Mémoire sur la Vie de M. Pascal, écrit par Mlle Marguerite Perier.*

lons bien qu'il la récompense des services conti-
nuels qu'elle s'est efforcée de lui rendre. Je vous
supplie de lui demander cette grâce pour moi,
comme je le fais et pour vous ; et comme je sais que
Dieu est proche des affligés et qu'il écoute favora-
blement leur prière, j'y joins mon pauvre frère, et je
vous supplie d'en faire autant, afin que Dieu daigne
de se servir de cette affliction pour le faire rentrer
dans lui-même et lui ouvrir les yeux sur la vanité de
toutes les choses du monde [1]. »

Il importe de retenir les dates. Cette lettre est du
31 juillet 1653. Or ce n'est que le 8 décembre de
l'année suivante que sœur Euphémie prendra sur
elle de mander confidemment à Mme Perier qu'elle
est fondée à croire que ses prières pour son « pauvre
frère » sont enfin exaucées. « Il n'est pas raisonnable que vous ignoriez plus longtemps ce que Dieu
opère dans la personne qui nous est si chère ; mais
je désire que ce soit lui-même qui vous l'apprenne,
afin que vous en puissiez moins douter. Tout ce que
je puis vous dire n'ayant pas de temps, c'est qu'il est
par la miséricorde de Dieu dans un grand désir
d'être tout à lui, sans néanmoins qu'il ait encore
déterminé dans quel genre de vie ; et qu'encore qu'il
ait depuis plus d'un an un grand mépris du monde
et un dégoût presque insupportable de toutes les

---

1. Faugère, *Lettres, opuscules et mémoires*, etc., p. 350.

personnes qui en sont, ce qui le devrait porter selon son humeur bouillante à de grands excès, il use néanmoins en cela d'une modération qui me fait tout à fait bien espérer. Il est tout rendu à la conduite de M. S..., et j'espère que ce sera dans une soumission d'enfant, s'il veut de son côté le recevoir, car il ne le lui a pas encore accordé ; j'espère néanmoins qu'à la fin il ne nous refusera pas. Quoiqu'il se trouve plus mal qu'il n'ait fait depuis longtemps, cela ne l'éloigne nullement de son entreprise, ce qui montre que ses raisons d'autrefois n'étaient que des prétextes. Je remarque en lui une humilité et une soumission, même envers moi, qui me surprend. Enfin, je n'ai plus rien à vous dire, sinon qu'il paraît clairement que ce n'est plus son esprit naturel qui agit en lui... Adieu, que tout cela soit dans le secret, je vous en prie, même à son égard [1]. »

Comment donc s'était opérée cette espèce de miracle ? Sœur Euphémie l'énonce en termes très clairs : par la miséricorde de Dieu, mais aussi par l'action du temps, du désenchantement, de la réflexion. Ajoutons-le : Marguerite Perier, dans son *Mémoire sur la vie de Pascal*, parle de circonstances qu'il convient de ne pas omettre et qui sembleraient, à l'entendre, avoir été déterminantes. « Enfin, écrit-elle, Dieu permit qu'un jour de la Conception de la

---

1. Faugère, *Lettres, opuscules et mémoires*, etc., p. 352.

Sainte Vierge, mon oncle allât voir ma tante, et demeurât au parloir avec elle durant qu'on disait nones avant le sermon. Lorsqu'il fut achevé de sonner, elle le quitta, et lui, de son côté, entra dans l'église pour entendre le sermon, sans savoir que c'était là où Dieu l'attendait. Il trouva le prédicateur en chaire, ainsi il vit bien que ma tante ne pouvait pas lui avoir parlé; le sermon fut au sujet de la Conception de la Sainte Vierge, sur le commencement de la vie des chrétiens et sur l'importance de la rendre sainte, en ne s'engageant pas, comme font presque tous les gens du monde, par l'habitude, par la coutume et par des raisons de bienséance tout humaines, dans des charges et dans des mariages; il montra comment il fallait consulter Dieu avant que de s'y engager, et bien examiner si on pouvait faire son salut et si on n'y trouverait pas d'obstacle. Comme c'était là précisément son état et sa disposition, et que le prédicateur prêchait avec beaucoup de véhémence et de solidité, il fut vive ment touché, et croyant que tout cela avait été dit pour lui, il le prit de même. Ma tante alluma autant qu'elle put ce nouveau feu, et mon oncle se détermina peu de jours après à rompre entièrement avec le monde; et pour cela il alla passer quelque temps à la campagne pour se dépayser et rompre le cours du grand nombre de visites qu'il faisait et qu'il recevait; cela lui réussit; car depuis cela, il n'a plus

vu aucun de ces amis qu'il ne visitait que par rapport au monde [1]. »

Ce sont là sans doute d'intéressants détails.
Peut-être toutefois Mlle Perier s'en est-elle exagéré
l'importance, comme peut-être aussi s'est-elle mé-
prise en parlant d'une fête de la Conception de la
Vierge, qui se célèbre le 8 décembre, au lieu d'une
fête de la Nativité de la Vierge qui tombe le 8 septembre [2]. Quoi qu'il en soit, c'est principalement et
avant tout à la correspondance de Jacqueline qu'il
faut demander l'histoire des démarches successives
par où Pascal en vint à se mettre à Port-Royal sous
la direction de M. Singlin, lequel, se trouvant alors
indisposé, commença par déléguer en quelque sorte
à sœur de Sainte-Euphémie sur le nouveau pénitent tous ses pouvoirs. De là cette lettre vraiment
piquante que le 19 janvier 1655 Jacqueline adressait à son frère. « J'ai autant de joie de vous
trouver gai dans la solitude que j'avais de douleur
quand je voyais que vous l'étiez dans le monde.

1. Faugère, *Lettres, opuscules et mémoires*, etc., p. 453 et suiv.
2. Les *Mémoires* de Marguerite Perier ne sont pas en effet
exempts d'inexactitudes, et on y en rencontre de plus sur-
prenantes que celle qu'ici nous supposons. Ainsi, dans son
Mémoire sur sa famille (Faugère, *Lettres*, etc., p. 418),
Mlle Perier, en parlant de son grand-père Étienne Pascal,
écrit : « Il eut en 1619, un fils qui mourut aussitôt après
son baptême. » Or M. Gonod (*op. cit.*, p. 28) indique, d'après
le relevé des registres de baptême, que ce premier enfant
d'Étienne fut une fille, nommée Anthonia.

Je ne sais néanmoins comment M. de Sacy s'ac-
commode d'un pénitent si réjoui et qui prétend
satisfaire aux vaines joies et aux divertissements
du monde par des joies un peu plus raisonnables
et par des jeux d'esprit plus permis, au lieu de les
expier par des larmes continuelles. Pour moi, je
trouve que c'est une pénitence bien douce, et il n'y
a guère de gens qui n'en voulussent faire autant. Je
m'en rapporte pourtant bien à sa conduite et en
demeure fort en repos; car je crois lui devoir autant déférer que vous à la mère Agnès. Elle ne
m'a rien dit sur l'article où vous vous rapportez
à elle; c'est pourquoi je vous dis, et non pas elle,
que vous devez être plus sage à l'avenir, et je crois
en cela être animée de son esprit; plût à Dieu
l'être en tout le reste! Et pour vous endoctriner
par exemple plus que de parole, ce sera ici la fin
des niaiseries volontaires de cette lettre. Je loue
l'impatience que vous avez eue d'abandonner tout
ce qui a encore quelque apparence de grandeur,
mais je m'étonne que Dieu vous ait fait cette grâce,
car il me semble que vous aviez mérité en bien des
manières d'être encore quelque temps importuné
de la senteur du bourbier que vous aviez embrassé
avec tant d'empressement, et il semble qu'il était
bien juste que tout ce qui peut encore ressentir le
monde dans le désert, vous retînt captif après avoir
eu tant d'éloignement de tout ce qui vous en pou-

vait délivrer. Mais Dieu a voulu faire voir en cette rencontre que sa miséricorde dépasse toutes ses autres œuvres, je le supplie de la continuer sur vous en vous faisant profiter du talent qu'il vous donne. Il faut en dire de même de la cuiller de bois et de la vaisselle de terre : c'est l'or et les pierres précieuses du christianisme; il n'y a que les princes qui en doivent avoir à leur table; il faut être vraiment pauvre pour mériter cet honneur qui doit être absolument dénié à ceux qui sont roturiers, selon M. de Ranty. Mais ce qui me console est que cette sorte de principauté n'est pas héréditaire, et que comme on la peut perdre après l'avoir possédée, on peut aussi l'acquérir après l'avoir longtemps méprisée; et une des meilleures voies, à mon sens, est de faire, comme si on l'avait déjà, non pas par usurpation ou hypocrisie, mais pour passer de l'appauvrissement à la pauvreté, comme on va de l'humiliation à l'humilité : Dieu nous en fasse la grâce! J'ai éprouvé la première que la santé dépend plus de Jésus-Christ que d'Hippocrate, et que le régime de l'âme guérit le corps, si ce n'est que Dieu veuille nous éprouver et nous fortifier par nos infirmités. Il est vrai que c'est un grand avantage d'avoir assez de santé pour pouvoir faire tout ce qu'on nous conseille pour guérir notre âme; mais ce n'en est pas un moindre de recevoir une pénitence de la main de Dieu même. Si nous sommes à lui, nous

serons toujours bien, soit en vivant, soit en mourant. Il n'est pas dit : si quelqu'un veut venir après
moi, qu'il fasse des ouvrages bien pénibles, et qui
demandent de grandes forces, mais : qu'il renonce à
soi-même. Un malade le peut peut-être mieux qu'un
homme sain [1]. »

Mais c'est expressément la lettre que le 25 janvier 1655 Jacqueline adressait à Mme Perier, et où
éclate un accent de pieux triomphe, qui nous four-
nit le récit aussi exact et circonstancié qu'émouvant
de la conversion définitive de Pascal. Ne citons de
cette pièce que l'indispensable. « Je ne sais, écrivait Jacqueline à sa sœur, si j'ai eu moins d'impatience de vous mander des nouvelles de la personne
que vous savez, que vous d'en recevoir; et, néanmoins, il me semble que, n'ayant point de temps à
perdre, je n'ai pas dû vous écrire plutôt de crainte
qu'il ne fallût dédire ce que j'aurais trop tôt dit. Mais
à présent les choses sont en un point qu'il faut vous
les faire savoir, quelque succès qu'il plaise à Dieu
d'y donner. Je croirais vous faire tort si je ne vous
instruisais de l'histoire depuis le commencement
qui fut quelques jours devant que je vous en man-
dasse la première nouvelle, c'est-à-dire environ vers
la fin de septembre dernier. Il me vint voir et à cette
visite il s'ouvrit à moi d'une manière qui me fit pitié,

____

1. Faugère, *Lettres, opuscules et mémoires,* etc., p. 353 et suiv.

en m'avouant qu'au milieu de ses occupations qui étaient grandes, et parmi toutes les choses qui pouvaient contribuer à lui faire aimer le monde, et auxquelles on avait raison de le croire fort attaché, il était de telle sorte sollicité de quitter tout cela, et par une aversion extrême qu'il avait des folies et des amusements du monde, et par le reproche continuel que lui faisait sa conscience, qu'il se trouvait détaché de toutes choses d'une telle manière qu'il ne l'avait jamais été de la sorte, ni rien d'approchant; mais que d'ailleurs il était dans un si grand abandonnement du côté de Dieu qu'il ne sentait aucun attrait de ce côté-là; qu'il s'y portait néanmoins de tout son pouvoir, mais qu'il sentait bien que c'était plus sa raison et son propre esprit qui l'excitait à ce qu'il connaissait le meilleur que non pas le mouvement de celui de Dieu; et que dans le détachement de toutes choses où il se trouvait, s'il avait les mêmes sentiments de Dieu qu'autrefois, il se croyait en état de pouvoir tout entreprendre, et qu'il fallait qu'il eût eu en ce temps-là d'horribles attaches, pour résister aux grâces que Dieu lui faisait et aux mouvements qu'il lui donnait. Cette confession me surprit autant qu'elle me donna de joie : et dès lors je conçus des espérances que je n'avais jamais eues, et je crus devoir vous en mander quelque chose afin de vous obliger à prier Dieu. Si je racontais toutes les autres visites aussi en particulier, il faudrait en

faire un volume : car depuis ce temps elles furent
si fréquentes et si longues, que je pensais n'avoir
plus d'autre ouvrage à faire; je ne faisais que le
suivre sans user d'aucune sorte de persuasion, et je
le voyais peu à peu croître de telle sorte que je ne
le connaissais plus, et je crois que vous en ferez
autant que moi si Dieu continue son ouvrage, et
particulièrement en l'humilité, en la soumission, en
la défiance et au mépris de soi-même, et au désir
d'être anéanti dans l'estime et la mémoire des
hommes. Voilà ce qu'il est à cette heure. Il n'y a
que Dieu qui sache ce qu'il sera un jour. Enfin,
après bien des visites et bien des combats qu'il eut
à rendre en lui-même sur la difficulté de choisir
un guide.... je vis clairement que ce n'était qu'un
reste d'indépendance caché dans le fond du cœur
qui faisait arme de tout pour éviter un assujettisse-
ment qui ne pouvait être que parfait dans les dispositions où il était. Je ne voulus pas néanmoins
faire aucune avance en cela; je me contentai seulement de lui dire que je croyais qu'il fallait faire
pour le médecin de l'âme comme pour celui du
corps, choisir le meilleur... Il ne me souvient plus
si ce fut cela qui le fit rendre, ou si ce fut la grâce
qui croissait en lui comme à vue d'œil, qui dissipa
tous les nuages qui s'opposaient à un si heureux
commencement sans se servir de raisons; mais quoi
qu'il en soit, il fut bientôt résolu.... Pendant tout

ce temps il s'est passé plusieurs choses qui seraient
trop longues à dire et qui ne sont point nécessaires ;
mais la principale est que notre nouveau converti
pensa de son propre mouvement, pour plusieurs
raisons, qu'une retraite quelque temps hors de chez
lui serait fort nécessaire... M. Singlin lui écrivit une
lettre parfaitement belle dans laquelle il me cons-
tituait sa directrice, en attendant que Dieu fît connaître s'il voulait que ce fût lui qui le conduisît.
Enfin... je pressai M. Singlin de me décharger de
ma dignité, et je fis tant que j'obtins ce que je
désirais, de sorte qu'il le reçut ; et ils jugèrent l'un
et l'autre qu'il lui serait bon de faire un voyage à
la campagne pour être plus à soi qu'il n'était à
cause du retour de son bon ami (vous savez qui je
veux dire) qui l'occupait tout entier (Roannez) !
Il lui confia ce secret, et avec son consentement
qui ne fut pas donné sans larmes, il partit le lendemain de la fête des Rois avec M. de Luines pour aller
en l'une de ses maisons où il a été quelque temps.
Mais, parce qu'il n'était pas là assez seul à son gré,
il a obtenu une chambre ou cellule parmi les soli-
taires de Port-Royal d'où il m'a écrit avec une
extrême joie de se voir traité et logé en prince,
mais en prince au jugement de saint Bernard, dans
un lieu solitaire et où l'on fait profession de prati-
quer la pauvreté en tout où la discrétion le peut
permettre... On dit qu'il s'est fait moine, d'autres

hermite, d'autres qu'il est à Port-Royal : il le sait
et ne s'en soucie guère; voilà où les choses en sont.
Je l'ai toujours vu jusqu'ici dans une si grande
crainte qu'on sût rien de tout cela que je n'avais
pas même osé lui proposer de vous en rien mander.
Enfin je lui en écrivis. — Il me répondit que si on
lui ordonnait de le faire, il le ferait, mais que par
lui-même il ne s'y pouvait résoudre parce qu'il se
voyait si peu avancé qu'il ne savait du tout que
vous dire; que si je trouvais qu'il y eût matière
d'écrire, il consentait volontiers que je vous écri-
visse, mais que pour lui il ne voyait rien à mander.
Sur cela je commençai cette lettre à mon premier
loisir au jour d'où elle est datée, et je ne l'achève
qu'aujourd'hui 8 février [1]. »

Ainsi les dates sont certaines. Le 31 juillet 1653,
Jacqueline supplie M. Perier de s'associer à ses
prières pour le salut de son frère. Le 8 décembre
1654, elle ose faire part à Mme Perier de ses espérances. Et en effet, bientôt la grâce l'emportant,
Pascal est subjugué, et le 19 janvier 1655, sur un
ton mi-partie enjoué et mi-partie sévère, Jacqueline
lui écrit à Port-Royal, où il s'est retiré peu après
l'Épiphanie. C'est pourquoi, le 25 janvier 1655, elle
peut enfin annoncer à Mme Perier la pleine réalisation de ses vœux. Et non seulement, dans cette

---

1. Faugère, *Lettres, opuscules et mémoires,* etc., p. 356 et suiv.

si instructive communication, elle mentionne que
c'est vers la fin de septembre 1654 que Pascal s'est
ouvert à elle « d'une manière qui lui a fait pitié »,
ce qui reporte bien en deçà du 8 décembre 1654
l'émotion décisive que Marguerite Perier attribue à un sermon entendu par Pascal ce jour-là
même; mais elle ajoute expressément que, « depuis
ce temps (la fin de septembre 1654), les visites de
son frère furent si fréquentes et si longues qu'il
faudrait en faire un volume ». En un mot, ce n'est
« qu'après bien des visites et bien des combats »
que Pascal s'est rendu. Par conséquent, où est dans
tout cela le coup de foudre et où trouver l'illumi-
nation soudaine? D'autre part, la nuit du 23 novembre 1654 ne saurait certes s'oublier. Néanmoins en quoi cette extase, qui s'est produite à la
fin de novembre, a-t-elle pu influer sur une conversion qui, dès la fin de septembre, se déclare et dont
le mouvement presque à chaque heure s'accentue?
Faudrait-il donc attacher plus d'importance au prétendu danger que, dans une après-midi du mois
d'octobre 1654, aurait couru Pascal et qui, soudaine-
ment, en le remplissant d'effroi, l'aurait détourné
de toute visée et pensée mondaine? Mais supposons
même, si l'on veut, que cet accident ne soit point
purement imaginaire et qu'on doive également tenir
pour vraie l'histoire qu'en 1737, c'est-à-dire quatre
ans après la mort de Marguerite Perier, dernier té-

moin de Pascal, l'abbé **J.-J.** Boileau a été le premier à raconter, lorsque, sans autre justification, il affirme, « savoir d'original, que Pascal croyait toujours voir un abîme à son côté gauche, et y faisait mettre une chaise pour se rassurer [1] ». Comment oublier ce que le 8 décembre 1654 Jacqueline mandait à sa sœur, non seulement que déjà vers la fin de septembre Pascal « s'était ouvert à elle d'une manière qui lui avait fait pitié », mais encore que « depuis plus d'un an il avait un grand mépris du monde et un dégoût presque insupportable de toutes les personnes qui en sont? » Est-il d'ailleurs nécessaire d'en faire de nouveau l'observation? Ni Mme Perier dans sa *Vie de Pascal*, ni Marguerite Perier dans son *Mémoire sur la vie de Pascal*, ni Jacqueline dans sa lettre du 25 janvier 1655, encore qu'elles entrent toutes les trois en de minutieux détails, n'ont soufflé mot de ces particularités. A moins qu'on n'aille jusqu'à soupçonner que Jacque-

---

1. *Lettres de M. B. sur différents sujets de morale et de piété,* Paris, in-12, t. I, 1737, *Lettre* XXIX, p. 206, 270. « Les amis de M. Pascal, son confesseur, son directeur, continuait Boileau, avaient beau lui dire qu'il n'y avait rien à craindre, que ce n'étaient que les alarmes d'une imagination épuisée par une étude abstraite et métaphysique; il convenait de tout cela avec eux, car il n'était nullement visionnaire; et un quart d'heure après, il se représentait de nouveau le précipice qui l'effrayait. » — Le Journal des Savants, dans un extrait qu'il donnait des *Lettres* de l'abbé Boileau (octobre 1737), citait ce trait singulier, en ajoutant : *nous n'en avions jamais entendu parler.*

line y fait obscurément allusion lorsqu'elle écrit :
« Pendant ce temps (de la fin de septembre à la fin
de décembre 1654), il s'est passé plusieurs choses
qui seraient trop longues à dire et qui ne sont pas
nécessaires. » Toutefois, en accordant que, « par
ces choses trop longues à dire et qui ne sont pas nécessaires », on dût entendre notamment et l'extase
du 23 novembre 1654 et l'aventure terrifiante d'octobre de la même année, laquelle en aurait été la
préparation, n'est-ce pas, contre tout bon sens et
toute vérité, intervertir l'ordre des dates que de
considérer des événements d'octobre ou de la fin de
novembre, comme la cause d'autres événements
qui dès septembre avaient commencé à se pro-
duire et que même une année auparavant on
pouvait déjà en quelque façon pressentir? Et n'est-
ce pas aussi dénaturer impertinemment l'histoire
que de représenter Pascal comme subitement converti, quand il demeure avéré, et par les plus intimes
et indiscutables témoignages, que sa seconde conversion ne s'accomplit, au contraire, qu'après de
douloureuses hésitations et un long déchirement?
Ainsi, en définitive et de toute évidence, on est
obligé d'abandonner la légende qu'avec son ordinaire bonne foi Voltaire a passionnément cherché,
et, pour sa large part, est parvenu à accréditer. « Ne
cessez de répéter, mandait-il à ses amis, ne cessez de
répéter que, depuis l'accident du pont de Neuilly,

Pascal était fou. » Et dans une de ses facéties, intitulée *Traduction d'une Lettre de milord Bolingbroke à milord Cornbury* : « C'est une chose bien singulière que Pascal et Abbadie, les deux défenseurs de la religion chrétienne que l'on cite le plus, soient tous deux morts fous. Pascal, comme vous le savez, croyait toujours voir un précipice à côté de sa chaise ; et Abbadie courait les rues avec tous les petits gueux de son quartier [1]. »

Quel fou, aussi bien, quel halluciné, que l'homme qui, après avoir perdu la raison, et demeurant constamment en proie à d'insurmontables terreurs, écrivait les *Provinciales*, rédigeait les *Pensées*, posait et résolvait les problèmes de la *Roulette!*

A la vérité, ce sont précisément les *Pensées* qui semblent offrir à Voltaire une preuve irrécusable du fanatisme ou plutôt de la folie de leur auteur. « Les *Pensées* sont d'un enthousiaste et non d'un

1. Cf. Lettre de Voltaire à S'Gravesande, 1er juin 1738. « Pascal croyait toujours dans les dernières années de sa vie, voir un abîme à côté de sa chaise : faudrait-il pour cela que nous en imaginassions autant? Pour moi, je vois aussi un abîme, mais c'est dans les choses qu'il a cru expliquer. Vous trouverez dans les *Mélanges* de Leibniz, que la mélancolie égara sur la fin la raison de Pascal; il le dit même un peu durement. Il n'est pas étonnant, après tout, qu'un homme d'un tempérament délicat, d'une imagination triste, comme Pascal, soit, à force de mauvais régime, parvenu à déranger les organes de son cerveau. Cette maladie n'est ni plus surprenante ni plus humiliante que la fièvre et la migraine. Si le grand Pascal a été attaqué, c'est Samson qui a perdu sa force. »

philosophe. Si le livre que Pascal méditait eût été composé avec de pareils matériaux, il n'eût été qu'un édifice monstrueux bâti sur le sable mouvant. Mais il était lui-même incapable d'élever ce bâtiment, non seulement à cause de son peu de science, mais parce que son cerveau se dérangea dans les dernières années de sa vie qui fut courte. » Et pour confirmer son dire, l'auteur des *Lettres de Memmius à Cicéron* entasse remarques sur remarques, où il traite en général Pascal, comme parfois il a traité Corneille, « en vrai cheval de carrosse » (*Remarques sur les Pensées de Pascal*, 1728; *Addition aux remarques sur les Pensées de M. Pascal*, 1743; *Avertissement de l'auteur sur les dernières remarques; Dernières remarques sur les Pensées de Pascal*, 1778), donnant ainsi l'exemple et le ton de ces commentaires qui, sous prétexte d'éclaircir les *Pensées*, tendent à n'y montrer qu'un tissu fragile, quoique brillant, de sophismes, de paradoxes ou d'erreurs. Ce n'est pas que ces *Pensées* mêmes n'arrachent par instants à Voltaire un cri d'admiration, lequel manifestement ne s'adresse point à un écrivain dont le cerveau se serait dérangé. « De tant de disputeurs éternels, Pascal seul est resté, parce que seul il était un homme de génie. Il est encore debout sur la ruine de son siècle. » Mais se reprenant aussitôt et sans paraître se douter de l'énormité de son langage, Voltaire affirme que « l'autre génie qui a commenté depuis peu quelques-unes des pensées de Pascal et qui les a données dans un meilleur ordre (!) lui est bien supérieur ». Oui, d'après Voltaire, Condorcet, « ce philosophe véritable, tient Pascal dans sa balance et il est plus fort que celui qu'il pèse. Le louant est plus véritablement philosophe que le loué ; cet éditeur écrit comme le secrétaire de Marc-Aurèle, et Pascal comme le secrétaire de Port-Royal. L'un semble aimer la rectitude et l'honnêteté pour elles-mêmes, l'autre par esprit de parti. L'un est homme et veut rendre la nature humaine honorable ; l'autre est chrétien, parce qu'il est Janséniste. Tous deux ont de l'enthousiasme et embouchent la trompette ; l'auteur des notes pour agrandir notre espèce, et Pascal, pour l'anéantir. Pascal a peur et il se sert de toute la force de son esprit pour inspirer sa peur ; l'autre s'abandonne à son courage et le communique. Que puis-je conclure ? Que Pascal se portait mal et que l'autre se portait bien :

> *Bonne ou mauvaise santé*
> *Fait notre philosophie* [1]. »

La folie, le dérangement du cerveau, la mauvaise santé, la peur, de nos jours on dirait « le vertige moral », pour Voltaire, en dernière analyse, par là tout Pascal s'explique. Pascal est « un grand malade ».

---

1. Voltaire, *Œuvres complètes*, Didot, 1827, p. 1593 et suiv.

Que la santé de Pascal, depuis les prodigieux efforts que lui avait coûtés la machine d'arithmétique, eût été irréparablement compromise et que ses dernières années surtout se fussent passées dans les remèdes, c'est ce que personne n'ignore. Mais entre un état maladif et un dérangement du cerveau ou la folie, n'y a-t-il pas une différence considérable? Par la vigueur d'un génie, en dépit d'intolérables maux, toujours actif, Pascal attestait, au contraire, avec éclat, que l'âme a sa nature propre qui la rend, malgré tout, indépendante des fragiles organes dont elle se sert. Et lui-même, loin qu'il supportât impatiemment la douleur ou la maudît, il la bénissait comme un salutaire exercice de pénitence et une épreuve, en même temps qu'il l'estimait aussi un moyen efficace d'assujettir l'automate et de plier la machine.

L'automate, la machine, l'abêtissement! Autant de mots inintelligibles, obscurs, semble-t-il, dans la philosophie de Pascal, ou plutôt autant de mots de scandale! Autant de mots pourtant qui s'appellent ou s'entresuivent, et dont il est très facile (Pascal lui-même a pris ce soin) d'expliquer et de justifier la signification. « Abêtissez-vous », c'est-à-dire, après avoir vu clair, cessez de chercher ce que vous savez, sans savoir ce que vous cherchez; maîtrisez par l'humilité non seulement le vain amour de la gloire, *libido dominandi*, mais encore cette concupiscence du savoir, *libido sciendi*, qui n'a d'égale que la concupiscence du sentir, *libido sentiendi*, et qui souvent s'y mêle par une pénétration secrète et les plus subtils détours [1]. Supprimez les passions, qui sont les grands obstacles, mais aussi et enfin domptez une inquiète et dissolvante curiosité par des pratiques qui matent le corps même et mettent nos deux pièces, l'automate ou la machine et l'esprit, à un complet unisson. En effet « il ne faut pas se méconnaître : nous sommes automate autant qu'esprit, et de là vient que l'instrument par lequel la persuasion se fait n'est pas la seule démonstration. Combien il y a peu de choses démontrées! Les preuves ne convainquent que l'esprit. La coutume fait nos preuves les plus fortes et les plus crues; elle incline l'automate qui entraîne l'esprit sans qu'il y pense..... Il faut avoir recours à elle quand une fois l'esprit a vu où est la vérité, afin de nous abreuver et nous teindre de cette créance qui nous échappe à toute heure; car d'en avoir toujours les preuves présentes, c'est trop d'affaire. Il faut acquérir une créance plus facile, qui est celle de l'habitude qui sans violence, sans art, sans agrément, nous fait croire les choses et

---

1. Faugère, *Pensées*, etc., t. II, p. 333 : « Concupiscence de la chair, concupiscence des yeux, orgueil, etc. *Id.*, t. I, p. 232. « Tout ce qui est au monde est concupiscence de la chair, ou concupiscence des yeux ou orgueil de la vie : *libido sentiendi, libido sciendi, libido dominandi*. Malheureuse la terre de malédiction que ces trois fleuves embrasent plutôt qu'ils n'arrosent. »

incline toutes nos puissances à cette croyance, en
sorte que notre âme y tombe naturellement. Quand
on ne croit que par la force de la conviction et que
l'automate est incliné à croire le contraire, ce n'est
pas assez. Il faut donc faire croire nos deux pièces;
l'esprit, par les raisons qu'il suffit d'avoir vues une
fois en sa vie et l'automate par la coutume et en ne
lui permettant pas de s'incliner au contraire. *Inclina
cor meum, Deus* [1]. » Et ailleurs : « Il faut que l'extérieur soit joint à l'intérieur, pour obtenir de Dieu,
c'est-à-dire que l'on se mette à genoux, prie des
lèvres, etc., afin que l'homme orgueilleux qui n'a
voulu se soumettre à Dieu soit maintenant soumis à
la créature. Attendre de cet extérieur le secours est
superstition; ne vouloir pas le joindre à l'intérieur
est être superbe [2]. »

Certes, à la lumière de ces passages, il est aisé de
comprendre ce que Pascal entendait lui-même par
le mot *machine*, qui revient plusieurs fois dans les
notes qu'il rédigeait à la hâte et dont il devait se
servir ensuite comme de canevas ou de points de
repère. « Une lettre d'exhortation à un ami, pour
le porter à chercher; et il répondra : Mais à quoi me
servira de chercher? Rien ne paraît. Et lui répondre :
ne désespérez pas. Et il me répondrait qu'il serait
heureux de trouver quelque lumière; mais que, selon

1. Faugère, *Pensées,* etc., t. II, p. 174 et suiv.
2. *Id., ibid.,* p. 350.

cette religion même, quand il croirait ainsi, cela ne lui servirait de rien, et qu'ainsi il aime autant ne point chercher. Et à cela lui répondre : la machine. » — « Lettre qui marque l'utilité des preuves par la machine. » — « Ordre. Après la lettre qu'on doit chercher Dieu, faire la lettre d'ôter les obstacles, qui est le Discours de la machine, de préparer la machine, de chercher par raison [1]. » — Interprétée comme elle l'est, il y a donc lieu de s'étonner qu'un commentateur aussi sagace que Victor Cousin ait déclaré incompréhensible cette expression de machine. « Que signifie cette expression : la machine ? écrit-il dans son *Rapport sur la nécessité d'une nouvelle édition des Pensées de Pascal*. Il nous est impossible de le deviner [2]. »

C'est qu'en effet, il le faut bien, quoique à regret, constater. C'était avec des yeux prévenus que Cousin avait lu Pascal, et sa critique des *Pensées* était devenue, pour lui, toute une thèse. Émule en politique de Hobbes, en morale de Montaigne, en métaphysique de Huet, l'auteur du Traité posthume *de la Faiblesse de l'esprit humain*, Pascal serait essentiellement, à entendre l'éloquent professeur, un ennemi de la philosophie et un Pyrrhonien. « Son *Apologie du christianisme* (s'il eût pu la mener à terme) eût été un monument tout particulier qui

---

1. Faugère, *Pensées*, etc., t. II, p. 390 et suiv.
2. Paris, 1847, in-8°, p. 249.

aurait eu pour vestibule le scepticisme et pour
sanctuaire une foi sombre et mal sûre d'elle-
même. Un pareil monument eût peut-être convenu
à un siècle malade tel que le nôtre; il eût pu attirer
et recevoir Byron converti, Faust ou Manfred, des
hommes longtemps en proie aux horreurs du doute
et voulant s'en délivrer à tout prix. Mais les esprits
calmes et réglés du xviie siècle n'auraient su que
faire d'un semblable ouvrage... Le scepticisme de
Pascal leur eût été un scandale plutôt qu'une le-
çon. » Cousin prenait à la lettre le fameux « Abêtissez-vous ». C'est pourquoi, « est-il besoin de dire,
concluait-il mélancoliquement, est-il besoin de dire
que je n'accuse pas les intentions de Pascal? Le
seul sentiment que j'éprouve est celui d'une commi-
sération profonde pour ce grand esprit, trahi par
une méthode infidèle et l'habitude de démonstra-
tions géométriques, ici impossibles et superflues, en-
fermé par là dans le scepticisme et, pour en sortir,
se condamnant lui-même et les autres à une foi
bien cher achetée et elle-même pleine de doute.
Ainsi le doute avant et le doute après, tel a été le
sort de Pascal! En vérité, il n'y a rien là qui puisse
faire beaucoup d'envie [1]. »

Cette compassion chez Victor Cousin partait assurément d'un bon naturel! Toutefois, cette thèse du

1. *Rapport*, etc., p. 162 et suiv.

scepticisme de Pascal s'est assez vite discréditée par son exagération déclamatoire, et beaucoup désormais l'estiment inexacte autant que surannée. Mais plusieurs aussi ne l'abandonnent que pour se rejeter sur une autre thèse, celle du pessimisme de Pascal, dont quelques-uns même qui font les entendus, indiquent sentencieusement « les sources amères » dans la maladie de Pascal, ils diraient presque son hypocondrie. C'est revenir de l'hypothèse de Cousin à l'hypothèse de Voltaire. Car si l'auteur de *Candide,* qui est aussi l'auteur du *Mondain,* ignore le mot de pessimisme, lequel n'est pas de son temps, mais que le nôtre a vu éclore, il sait ce qu'est la chose, et c'est précisément l'optimisme qu'il entreprend, après l'avoir avec une si cruelle ironie combattu, de défendre non moins passionnément contre Pascal,

> *« Ce pieux misanthrope, Héraclite sublime,*
> *Qui pense qu'ici-bas tout est misère et crime. »*

« Il me paraît, disait Voltaire, qu'en général l'esprit dans lequel M. Pascal écrivit les *Pensées,* était de montrer l'homme sous un jour odieux ; il s'acharne à nous peindre tous méchants et malheureux ; il écrit contre la nature humaine à peu près comme il écrivit contre les Jésuites. Il impute à l'essence de notre nature ce qui n'appartient qu'à certains hommes, il dit éloquemment des injures au genre humain. J'ose prendre le parti du genre humain contre ce misanthrope sublime; j'ose assurer que nous ne sommes ni si méchants ni si malheureux qu'il le dit [1]. »

On aurait, croyons-nous, promptement raison de ces accusations banales de scepticisme et de pessimisme, que tour à tour on dirige contre Pascal, si l'on y regardait de plus près et qu'on prît seulement souci de définir d'abord les termes qu'on emploie. Qu'est-ce en effet que le pessimisme? C'est la doctrine, plus imaginaire que réfléchie, d'un marivaudage ou dilettantisme macabre plus que de sérieuse et solide science, qui porte que fatalement le monde est voué au mal et à la douleur; que, la vie étant mauvaise, elle ne vaut pas la peine qu'on la vive, de sorte qu'en somme l'unique remède à d'inévitables et accablantes misères est de tendre à l'anéantissement, de même que le suprême bonheur consiste à être anéanti. Or, où trouver chez Pascal rien qui ressemble à ces énervantes et attristantes fantaisies? Et quel pessimiste étrange que l'admira-

---

1. *Remarques sur les Pensées de Pascal*, 1728. Cf. Lettre à M. de Vaines, 4 juin 1777. « Je ne sais si vous avez vu l'*Éloge de Pascal*, avec ses *Pensées* mises en meilleur ordre, et relevé par des notes (le tout par Condorcet) qui valent bien le texte. L'éditeur est, ce me semble, un homme égal à Pascal par le génie, et supérieur par la raison. Il est triste, à mon gré, pour le genre humain, qu'un homme comme Pascal ait été un fanatique; ce qui me console, c'est que saint Augustin l'ait été tout autant. »

teur d'Epictète, et qui lui-même a pour constante maxime « qu'il faut tâcher de se consoler dans les plus grands maux et de prendre tout ce qui arrive pour le meilleur [1] ». Non, ce n'est pas la mort que prêche Pascal, ni le néant. C'est l'être, c'est la vie, au contraire, qu'il prétend purifier, restaurer, assurer au plus intime de l'homme, en nous pressant, pour voir rompre nos chaînes, de nous tourner vers le Libérateur [2]. Et, sans doute, c'est avec toute l'ardeur des convictions qui le possèdent et qu'accroît la flamme janséniste, ou que redouble même, si l'on veut, l'âpreté de ses propres souffrances, lesquelles, à chaque instant, l'avertissent du peu qu'est l'existence présente ; c'est avec une sorte d'irritation brûlante qu'il s'emporte contre l'insensibilité monstrueusement brutale de ceux qui ne s'inquiètent pas de savoir s'il n'y a rien au delà du tombeau. Mais quoi ! il veut les retirer de cet en-

1. Faugère, *Pensées*, etc., t. I, p. 44. Cf. Ibid., *Lettre à Mlle de Roannez*. « J'essaie autant que je puis de ne m'affliger de rien, et de prendre tout ce qui arrive pour le meilleur. Je crois que c'est un devoir et qu'on pèche en ne le faisant pas. »

2. *Id.*, *ibid.*, t. II, p. 198. « Je tends les bras à mon libérateur, qui, ayant été prédit durant quatre mille ans, est venu souffrir et mourir pour moi sur la terre dans les temps et dans toutes les circonstances qui m'ont été prédites ; et par sa grâce, j'attends la mort en paix, dans l'espérance de lui être éternellement uni ; *et je vis cependant avec joie, soit dans les biens qu'il lui plaît de me donner, soit dans les maux qu'il m'envoie pour mon bien, et qu'il m'a appris à souffrir par son exemple.* »

chantement inexplicable, les réveiller de ce mortel assoupissement. De là ses poignantes alarmes; de là aussi ces peintures d'une touche violente à la fois et assombrie, où il ramasse en un saisissant contraste toutes les bassesses qui ravilissent notre nature et toutes les grandeurs qui la relèvent. Tant d'ignominie mêlé à tant de noblesse, n'est-ce pas en effet une marque certaine que, si la chute a été profonde, l'origine n'en est pas moins divine et qu'ainsi c'est en Dieu seul qu'excellente, malgré ses dégradations, la créature humaine doit trouver sa suprême fin! « *Elevamini, portæ æternales!* Ouvrez-vous, portes éternelles. » C'est là ce que crient d'un bout à l'autre les *Pensées*. Avide de vie éternelle, parce qu'il est avide de vie, et non, comme les pessimistes, épris du néant, Pascal n'estime pas davantage, comme les pessimistes, que la vie présente soit un mal. Ce qu'uniquement il condamne, c'est la mauvaise vie, et, assagie comme il entend qu'elle doit l'être, la vie présente elle-même lui est réellement un bien. « Quel mal vous arrivera-t-il en prenant ce parti (le parti de croire)? Vous serez fidèle, honnête, humble, reconnaissant, bienfaisant, sincère, ami véritable [1]. A la vérité, vous ne serez point dans les plaisirs empestés, dans la gloire, dans les délices; mais n'en aurez-vous point d'autres? Je vous dis

---

1. Faugère, *Pensées,* etc., t. II, p. 170.

que vous y gagnerez en cette vie. » Et encore :
« Nul n'est heureux comme un vrai chrétien, ni raisonnable, ni vertueux, ni aimable [1]. » A la lettre,
Pascal devance et autorise Montesquieu s'écriant :
« Chose admirable! la religion chrétienne qui ne
semble avoir d'objet que la félicité de l'autre vie,
fait encore notre bonheur dans celle-ci [2]! »

Il paraît beaucoup plus difficile de décharger
de l'accusation de scepticisme l'auteur des *Pensées*.
Effectivement, si Pascal trouve que « les divisions
de Charron attristent et ennuyent [3] », s'il se plaint
« de la confusion de Montaigne [4] », n'est-il pas,
comme Charron, un disciple de Montaigne, ou
même, ainsi que Charron, a-t-il fait très souvent
autre chose que s'approprier, pour les reproduire à
sa mode, de nombreux passages et des passages
entiers de Montaigne? Nodier n'a pas été le seul à
le remarquer [5]; car cela crève les yeux. Joubert
l'observait de son côté : « La plupart des pensées
de Pascal sur les lois, les usages, les coutumes ne
sont que des pensées de Montaigne qu'il a refaites [6]. »

---

1. Faugère, *Pensées*, etc., t. II, p. 376.
2. *Esprit des Lois*, liv. XXIV, chap. III.
3. Molinier, *Les Pensées*, etc., t. I, p. 21.
4. *Id.*, *ibid.*
5. *Questions de littérature légale, du plagiat*, etc. Paris, 1828,
in-8º, p. 41 et suiv.
6. *Pensées, Essais et Maximes*, Paris, 1849, 2 vol. in-8º, t. II,
p. 165.

Nous n'avons point, quant à nous, à nous en dédire. De même que c'est du *Pugio fidei contra Mauros et Judæos* par un moine catalan du xiiie siècle, Raymond Martin, que Pascal a tiré, en grande partie, son argumentation théologique contre les athées, c'est aux *Essais* surtout qu'il nous paraît avoir emprunté non seulement l'érudition historique et philosophique des *Pensées*, ce qu'on pourrait appeler *farrago libelli*, mais encore nombre de vues originales et de traits acérés. En un mot, il a pratiqué Montaigne à peu près comme Montaigne lui-même avait pratiqué Plutarque, et Montaigne certainement lui a plus servi qu'Épictète. Aussi persistons-nous à croire que, pour devoir tant à Montaigne, il a manqué envers Montaigne de reconnaissance. Nous irons jusqu'à avancer que, par préoccupation, il ne l'a peut-être pas toujours assez compris. Manifestement Pascal n'envisage pas la mort avec le flegme tout païen de Montaigne et ce n'est pas lui qui eût écrit : « Il m'advient souvent d'imaginer avec quelque plaisir les dangers mortels, et les attendre ; je me plonge, la tête baissée, stupidement dans la mort, sans la considérer et reconnaître, comme dans une profondeur muette et obscure qui m'engloutit d'un saut, et m'étouffe en un instant d'un puissant sommeil, plein d'insipidité et indolence. Et en ces morts courtes et violentes, la conséquence que j'en prévois me donne plus de consolation, que l'effet, de trouble [1]. » Toutefois, lorsque Pascal reproche à Montaigne « de ne penser qu'à mourir lâchement et mollement par tout son livre [2] », a-t-il considéré notamment que c'est du moins la pensée de la mort qui reste, de l'aveu même et de l'aveu réitéré de Montaigne, la pensée dominante des *Essais?* « Il n'est rien, écrivait Montaigne, de quoi je me sois, dès toujours, plus entretenu que des imaginations de la mort [3]. »

Quoi qu'il en soit et malgré les différences extrêmes qui distinguent leurs génies, l'un si plein de lui-même et qui avec tant d'inaltérable contentement se mire jusque dans ses vilenies et ses défauts, l'autre si pénétré des misères du *moi* qu'il voudrait s'abîmer en Dieu afin d'y puiser une vie toute nouvelle, Montaigne et Pascal ne se trouvent-ils pas du moins réunis dans un commun scepticisme?

C'est l'infirmité de la langue philosophique, que par des équivoques perpétuelles elle engendre d'interminables discussions. Doute méthodique, doute académique ou probabilisme, pyrrhonisme ou nihilisme, incrédulité ou, comme on parlait au XVIIe siècle, libertinage, tout cela, en dépit des distinctions

---

1. *Essais,* liv. III, ch. ix.
2. Faugère, *Pensées,* etc., t. I, p. 252.
3. *Essais,* liv. I, chap. xix : *Que philosopher, c'est apprendre à mourir.*

les plus précises ou même des oppositions les plus
flagrantes, est trop souvent confondu sous l'unique
et même appellation de scepticisme. Pour le faire
court, qu'est-ce cependant, en définitive, qu'un
sceptique? S'il est permis d'employer une locution
familière mais expressive, un sceptique est un
homme qui, non seulement n'affirme rien, mais
qui, au fond, « ne croit ni Dieu ni diable ». A
ce compte, Montaigne, l'homme du *que sais-je?*
est-il un sceptique? Nullement, car il se couvre,
comme plus tard le fera Huet, de la révélation.
« C'est ainsi, dit Pascal parlant de Montaigne,
qu'il gourmande si fortement et si cruellement
la raison dénuée de la foi, que, lui faisant douter si elle est raisonnable, et si les animaux le
sont ou non ou plus ou moins que l'homme, il la
fait descendre de l'excellence qu'elle s'est attri-
buée, et la met par grâce en parallèle avec les
bêtes, sans lui permettre de sortir de cet ordre jusqu'à ce qu'elle soit instruite par son créateur même
de son rang qu'elle ignore ; la menaçant, si elle
gronde, de la mettre au-dessous de toutes, ce qui
lui paraît aussi facile que le contraire ; et ne lui
donnant pouvoir d'agir cependant que pour reconnaître sa faiblesse avec une humilité sincère, au
lieu de s'élever par une sotte vanité [1]. »

1. Faugère, *Pensées,* etc., t. I, p. 357.

Ce n'est pas qu'il faille assimiler de tous points
l'agréable et piquant discoureur des *Essais*, l'écrivain que Pascal lui-même appelle « l'incomparable
auteur de l'*Art de conférer* [1] », au dialecticien érudit
du *Traité philosophique de la Faiblesse de l'esprit
humain* [2]. Celui-ci appartient réellement, et au
premier rang, à la classe des *fidéistes*, qui, pour
rehausser la valeur et l'importance de la foi, nient
ou rabaissent, outre mesure, la raison humaine.
Comme si la foi, loin d'exclure la raison, n'avait
point pour principe la raison! Huet est un des
tenants et promoteurs de ce scepticisme que, d'un
mot bizarre mais significatif, on dénommerait bien
Pyrrhonismus pontificius [3]. En un mot il parle en
controversiste et en évêque, et s'il rédige son *Traité
philosophique de la Faiblesse de l'esprit humain,*
c'est pour aboutir à la *Démonstration évangélique* [4].
Montaigne, au contraire, ne prend charge et n'a
souci que de lui-même; il met à se raconter, pour
se faire priser, une désinvolture calculée à la fois
et cavalière, et c'est en s'analysant complaisam-
ment et se laissant facilement vivre, qu'il se di-
vertit à noter, à travers mille digressions et avec
tous les tons variés de son humeur gasconne, que

1. Faugère, *Pensées,* etc., t. I, p. 167. Cf. *Essais,* liv. III,
ch. VIII, *De l'art de conférer.*
2. In-12, Paris, 1722.
3. Cf. Fr. Turrettini, 1692.
4. *Demonstratio Evangelica,* in-fo, Paris, 1679.

l homme est « sujet merveilleusement vain, divers et ondoyant sur lequel il est malaisé de fonder jugement constant et uniforme [1] ». Dogmatiste en religion, Montaigne n'affecte d'ailleurs aucunement des prétentions d'apôtre ni même, en dépit de l'*Apologie de Raimond Sebond* [2], des intentions d'apologiste. Sans prêcher ni même recommander autrement le christianisme et ses pratiques, [car ce sont des trompe-l'œil que les livres intitulés *le Christianisme de Montaigne* [3], *le Christianisme de Bacon*, *le Christianisme de Leibniz*,] Montaigne est, comme le sera Huet, sceptique en philosophie.

En est-il ainsi de Pascal?

Accuser Pascal d'être sceptique en religion serait, suivant Cousin lui-même, « une absurdité un peu trop forte [4] ». Mais Pascal n'est-il point, à l'exemple de Montaigne ou comme l'était Huet, sceptique en philosophie? On le sait : ce que Pascal, sans soupçonner pourtant aucunement les origines demi-juives de Montaigne [5], ce que Pascal

---

1. *Essais,* liv. 1, chap. I.
2. *Ibid.,* liv. II, chap. XII.
3. *Le Christianisme de Montaigne,* ou Pensées de ce grand homme sur la religion, par l'abbé Labouderie, Paris, 1819, in-8.
4. *Rapport,* etc., *Préface de la nouvelle édition,* p. VII.
5. La mère de Montaigne, Antoinette de Louppes ou Lopez, était juive, « et ce fait n'est pas sans intérêt pour ceux qui aiment à expliquer par la filiation le tempérament d'un

reproche à Montaigne, c'est son christianisme appauvri, relâché, purement verbal en quelque façon et qui tourne au paganisme; ce n'est point son scepticisme. Loin de là; le scepticisme philosophique du penseur des *Essais* lui inspire une sorte d'enthousiaste sympathie. « Il ne peut voir sans joie dans cet auteur la superbe raison si invinciblement froissée par ses propres armes, et cette révolte

écrivain. La sagesse terre à terre, la douce ironie de ce narquois et de ce désabusé ne se rattachent-elles point à travers les siècles à la philosophie désenchantée de l'*Ecclésiaste?* En dépit de l'éducation et de l'atmosphère chrétienne de l'époque, ne trouve-t-on point, en maints passages des *Essais,* l'écho des paroles désillusionnées du Koheleth biblique méditant, en se promenant le long de la terrasse du palais d'Etham, sur la vanité des desseins humains, proclamant que les plus belles espérances ne valent pas les jouissances présentes et le bon repas arrosé du vin de l'Engadi? Le *qui sait?* de l'un n'est-il pas parent du *peut-être* très vague auquel l'autre a l'air de croire si peu? » E. Drumont, *La France juive.* Paris, 1885, 2 vol. in-12, t. I, p. 219 et suiv. Cf. Nicole, *Pensées sur divers sujets de morale.* « Que retirera l'homme de tout son travail, et de l'affliction d'esprit avec laquelle il se tourmente sous le soleil? Tous ses jours sont pleins de douleur et de misère, et il n'a point de repos dans son âme, même pendant la nuit, et n'est-ce pas là une vanité? Ne vaut-il pas mieux manger et boire, et faire goûter à son âme du fruit de ses travaux? (*Jérémie, Thren.,* ch. II.) On peut dire que cette manière philosophique de s'abandonner aux plaisirs comprend tout le livre et tout l'esprit de Montaigne. C'est un homme qui après avoir promené son esprit par toutes les choses du monde, pour juger ce qu'il y a en elles de bien et de mal, a eu assez de lumière pour en reconnaître la sottise et la vanité. Il a très bien découvert le néant de la grandeur et l'inutilité des sciences; mais comme il ne connaissait guère

si sanglante de l'homme contre l'homme, laquelle, de la société de Dieu où il s'élevait par les maximes de sa faible raison, le précipite dans la condition des bêtes ; et il aurait aimé de tout son cœur le ministre d'une si grande vengeance si, étant humble disciple de l'Église par la foi, il eût suivi les règles de la morale, en portant ces hommes qu'il avait si utilement humiliés à ne pas irriter par de nouveaux crimes celui qui peut seul les tirer de ceux qu'il les

d'autre vie que celle-ci, il a conclu qu'il n'y avait donc rien à faire qu'à tâcher de passer agréablement le petit espace qui nous en est donné. » « Deux écrivains, observait Labruyère (*des Ouvrages de l'esprit*), deux écrivains dans leurs ouvrages ont blâmé Montaigne, que je ne crois pas, aussi bien qu'eux, exempt de toute sorte de blâme : il paraît que tous deux ne l'ont estimé en aucune manière. L'un ne pensait pas assez pour goûter un auteur qui pense beaucoup ; l'autre pense trop subtilement pour s'accommoder de pensées qui sont naturelles. » L'un, qui ne pense pas assez, c'est Nicole ; l'autre, qui pense trop subtilement, c'est Malebranche. Bossuet, qui apparemment pense assez et qui ne pense pas trop subtilement, n'est guère, à l'égard de Montaigne d'une moins grande sévérité que Nicole et que Malebranche. Voyez *Connaissance de Dieu et de soi-même*, ch. V, et Ier et IIIe *Sermon pour la fête de tous les saints*. « Quoi ! tout meurt, tout est enterré ? Le cercueil vous égale aux bêtes et il n'y a rien en vous qui soit au-dessus ! je le vois bien, votre esprit est infatué de tant de belles sentences, écrites si éloquemment en prose et en vers, qu'un Montaigne, je le nomme, vous a débitées ; qui préfèrent les animaux à l'homme, leur instinct à notre raison, leur nature simple, innocente et sans fard, c'est ainsi qu'on parle, à nos raffinements et à nos malices. » Les *Essais* sont, en général, au XVIIe siècle, considérés comme le bréviaire des libertins ; on n'en remarque pas assez le fond triste et grave, qui est la préoccupation constante de la mort.

a convaincus de ne pouvoir pas seulement connaître.
Mais il agit, au contraire, en·païen [1]. »

Toutefois, non plus qu'en religion, Pascal, en
philosophie, n'est pas sceptique. Car, tandis qu'en
philosophie Montaigne ne se relève d'aucune doctrine et confond ironiquement tous les systèmes
dans un même et absolu discrédit [2], Pascal, qui,
en philosophie, n'a beaucoup ni d'érudition ni
d'invention; Pascal, d'une part, a du moins appris
de saint Augustin que « Platon peut disposer au
christianisme [3] », et d'autre part et surtout, en
présence des principaux problèmes qu'agite la philosophie, se montre, même sans se l'avouer, et à
l'encontre de Huet, demeure Cartésien. Mais il n'est
pas Cartésien à la manière d'un Bossuet ou d'un

1. Faugère, *Pensées*, etc., t. 1, p. 359.
2. *Essais*, liv. II, ch. XII. « Qui fagoterait suffisamment
un amas des âneries de l'humaine sapience, il dirait mer-
veilles. Je conseillais en Italie, à quelqu'un qui était en
peine de parler italien, que pourvu qu'il ne cherchât qu'à
se faire entendre, sans y vouloir autrement exceller, qu'il
employât seulement les premiers mots qui lui viendraient
à la bouche, latins, français, espagnols, ou gascons, et qu'en
y ajoutant la terminaison italienne, il ne faudrait jamais à
rencontrer quelque idiome du pays, ou toscan, ou romain,
ou vénitien, ou piémontais, ou napolitain, et de se joindre
à quelqu'une de tant de formes; je dis de même de la philosophie; elle a tant de visages et de variété, et a tant dit,
que tous nos songes et rêveries s'y trouvent; l'humaine
fantaisie ne peut rien concevoir, en bien et en mal, qui n'y
soit : *nihil tam absurde dici potest, quod non dicatur ab
aliquo philosophorum.* »
3. Molinier, *Les Pensées*, etc., t. 1, p. 172.

Malebranche, d'un Nicole ou d'un Fénelon, qui partent du Cartésianisme ou implicitement l'admettent, pour ensuite aller bien au delà. C'est pourquoi nous n'avons point hésité à taxer Pascal d'inconséquence, lorsqu'après avoir déclaré la raison non pas radicalement impuissante, ce qui eût été le fait d'un sceptique, mais insuffisante parce qu'elle est défaillante et bornée, ce qui est le fait d'un chrétien, il n'hésite point, afin de mieux marquer cette insuffisance même, à dénier presque à la raison, dans l'ordre naturel, toute autorité. Quelles objections en effet Pascal pourrait-il élever contre les propositions, données immédiates de l'observation ou résultats indéniables du raisonnement, dont l'ensemble constitue comme la trame de la philosophie spiritualiste, telle que le xviie siècle l'entendait et telle, aussi bien, que Pascal lui-même la professe?

« Quelles objections? s'est-on aussitôt récrié avec un accent de surprise et quasi de pitié. Quelles objections? La demande est naïve. Mais toutes les objections du scepticisme tant ancien que moderne, ou toutes celles du matérialisme, ou toutes celles du panthéisme, ou toutes celles du criticisme, combien d'autres encore! Et se peut-il vraiment que de nos jours un philosophe se paye ainsi de son spiritualisme! Surtout, n'y a-t-il pas lieu de s'étonner de rencontrer encore en 1885 de ces arguments qu'on avait quelque droit de croire à jamais périmés [1] ? »

Comment ne pas nous étonner, à notre tour, de ce superbe étonnement et ne point admirer qu'on puisse, de nos jours, croire à jamais périmés des arguments auxquels se ramène toute métaphysique? Autant presque vaudrait déclarer périmés, parce que nous sommes en 1888, les théorèmes d'Euclide. D'ailleurs, et dans le cas particulier qui nous occupe, lorsque, nous adressant à Pascal, nous lui disons : Vous invectivez éloquemment contre l'orgueil de la raison humaine, contre la philosophie qui répudie toute théologie. Or n'est-ce point la raison pourtant, n'est-ce pas la philosophie qui, laissée à ses seules forces, a démontré, par exemple, en établissant les différences essentielles de l'esprit et de la matière, la spiritualité de l'âme humaine? Quelles objections pourriez-vous élever contre cette démonstration? Et vous-même, aussi bien, vous-même qui certes êtes un spiritualiste, quelles preuves de la spiritualité de l'âme apportez-vous? Est-ce aux Écritures, n'est-ce pas à Descartes que, de toutes pièces, vous empruntez votre propre argumentation, et n'est-ce pas de Descartes expressément que vous tenez ce principe que la matière est dans une incapacité invincible de penser? — Quand

---

1. F. Brunetière, *De quelques travaux récents sur Pascal* (*Revue des Deux Mondes*, t. LXXI, 1885).

un philosophe, s'adressant à Pascal, dit cela, où est, s'il vous plaît, la naïveté? En quoi se paye-t-il de son spiritualisme, et que signifient les exclamations? Peut-être conviendrait-il, avant de vouloir régenter le monde et de prétendre donner, « aux dépens des auteurs », de publiques leçons; peut-être conviendrait-il de prendre le temps de réfléchir, ne fût-ce que pour éviter le ridicule d'escrimer savamment dans le vide. Une fois de plus, en philosophie, malgré ses exagérations ou même ses contradictions, Pascal n'est pas sceptique; il est Cartésien et ce sont les conceptions mêmes de Descartes qu'en métaphysique il s'est borné à reproduire. Est-ce à dire qu'à plusieurs égards il ne diffère point profondément de Descartes, ou qu'au Cartésianisme, alors qu'il s'y range, il n'ait rien ajouté ou changé?

Le grand effort de Descartes, effort que lui a suggéré sa circonspection timide autant que sa fierté d'esprit naturelle, le grand effort de Descartes a consisté à distinguer et séparer de la théologie la philosophie. On lui avait même vu prendre sur cela, ainsi que le regrettait Bossuet, « des précautions, dont quelques-unes allaient jusqu'à l'excès ». Tant il craignait toujours « d'être noté par l'Église »! Le grand effort de Pascal, au contraire, a consisté, non point assurément à démontrer qu'entre la théologie et la philosophie règne

un parfait accord, mais à subordonner jusqu'à l'y
assujettir, à rattacher jusqu'à l'y absorber, la philosophie à la théologie. Suivant lui effectivement,
« la théologie est le centre de toutes les vérités et
ainsi il est difficile de ne pas y entrer, quelque
vérité qu'on traite [1] ». Cette thèse est, à ses yeux,
si fondamentale que pour l'établir, s'engageant
ici sur les traces de Montaigne, il n'hésite pas
à employer des expressions excessives qui accu-
sent l'excès même de sa pensée. « Il nous faut
abêtir pour nous assagir, avait dit Montaigne, et
nous éblouir pour nous guider [2]. » Pascal, de son
côté, prononcera son trop fameux et si mal compris : « abêtissez-vous ». « L'humaine raison, avait
encore écrit Montaigne, ne fait que fourvoyer partout, mais spécialement quand elle se mêle des
choses divines. Qui le sent plus évidemment que
nous? car encore que nous lui ayons donné des
principes certains et infaillibles, encore que nous
éclairions ses pas par la sainte lampe de la Vérité,
qu'il a plû à Dieu de nous communiquer, nous
voyons pourtant journellement, pour peu qu'elle
se démente du sentier ordinaire, et qu'elle se dé-
tourne ou écarte de la voie tracée et battue par
l'Église, comme tout aussitôt elle se perd, s'em-
barrasse et s'entrave, tournoyant et flottant dans

1. Faugère, *Pensées,* etc., t. I, p. 364.
2. *Essais,* liv. II, ch. XII.

cette mer vaste, trouble et ondoyante, des opinions humaines, sans bride et sans but : aussitôt qu'elle perd ce grand et commun chemin,
elle se va divisant et dissipant en mille routes diverses [1]. » C'est en ce sens, dans le même sens que
Montaigne, non dans un sens absolu, que Pascal,
avec l'accent qui lui est propre, déclarera que « le
Pyrrhonisme est le vrai ». « Le Pyrrhonisme est
le vrai ; car, après tout, les hommes, avant Jésus-
Christ, ne savaient où ils en étaient, ni s'ils étaient
grands ou petits. Et ceux qui ont dit l'un ou l'autre
n'en savaient rien, et devinaient sans raison et par
hasard : et même ils erraient toujours, en excluant
l'un ou l'autre. *Quod ergo ignorantes quæritis, religio
annuntiat vobis.* » Qu'on y prenne garde! « tous
ceux qui cherchent Dieu hors de Jésus-Christ et
qui s'arrêtent dans la nature, ou ils ne trouvent
aucune lumière qui les satisfasse, ou ils arrivent à
se former un moyen de connaître Dieu et de le
servir sans médiateur : et par là ils tombent, ou
dans l'athéisme, ou dans le déisme, qui sont deux
choses que la religion chrétienne abhorre presque également. Hors de Jésus-Christ donc nous ne
savons ce qu'est ni que notre vie, ni que notre
mort, ni que Dieu, ni que nous-mêmes [2]. » Alors
que prudemment, trop prudemment peut-être, Des-

---

1. *Essais*, liv. II, ch. XII.
2. Molinier, *Les Pensées*, etc., t. II, p. 19.

cartes cherche à échapper toute théologie, telle est la thèse dominante et toute théologique de Pascal.

Mais ce n'est pas tout. Descartes, avec la pénétration supérieure de son inventif et compréhensif génie ; Descartes avait merveilleusement vu que « la force secrète qui anime les choses est l'amour, la charité, l'harmonie ». *Una est in rebus activa vis, amor, charitas, harmonia* [1]. L'auteur des *Principes de la Philosophie*, tout pénétré qu'il soit de l'amour de Dieu, n'en était pas moins demeuré principalement, sinon uniquement, le philosophe de l'intelligence et de la volonté. C'était Leibniz, qui, en des théories parfois chimériques mais parfois sublimes, devait montrer ce qu'est dans l'univers des esprits et des corps la puissance de l'harmonie. C'est Pascal qui, sans déduction ni enchaînement de système, mais tout d'un élan, explique ce qu'est dans les choses la puissance de l'amour, c'est-à-dire le rôle du cœur. « Nous connaissons la vérité non seulement par la raison, mais encore par le cœur. Le cœur a ses raisons que la raison ne connaît point : on le sait en mille choses [2]. » « La raison en effet agit avec lenteur et avec tant de vues sur tant de principes lesquels il faut qu'ils soient toujours présents, qu'à toute heure elle s'assoupit et s'égare, manque d'avoir tous les principes présents. Le

1. Foucher de Careil, *Ouvrage cité.* p. 14.
2. Faugère, *Pensées,* etc., t. II, p. 172.

sentiment n'agit pas ainsi; il agit en un instant et toujours est prêt à agir [1]. » « C'est le cœur qui sent Dieu, et non la raison. Voilà ce que c'est que la foi : Dieu sensible au cœur, non à la raison [2]. » Car « qu'il y a loin de la connaissance de Dieu à l'aimer! » Conséquemment aussi, « la vraie religion doit avoir pour marque d'obliger à aimer son Dieu. Cela est bien juste [3] ». Et cet amour, dont le cœur est le foyer, embrassant tout ensemble et Dieu et les hommes, devient ce qui relève de ses faiblesses ou corruptions la nature humaine et constitue son excellence; il s'appelle : la charité!

« La distance infinie des corps aux esprits, écrivait Pascal, figure la distance infiniment plus infinie des esprits à la charité; car elle est surnaturelle [4]. » A propos de quoi, platement et sottement, Voltaire remarquait « qu'il était à croire que M. Pascal n'aurait pas employé ce galimatias dans son ouvrage s'il avait eu le temps de le revoir [5] ». Cette seule observation est plus que suffisante pour établir que ni Voltaire ni ceux qui suivent les errements de Voltaire, ne sont en état de rien entendre à la philosophie de Pascal, philosophie de la pensée mais surtout philosophie de l'amour qui

1. Faugère, *Pensées,* etc., t. II, p. 176.
2. *Id., ibid.,* p. 144.
3. *Id., ibid.,* p. 172.
4. *Ib., ibid.,* p. 330.
5. *Remarques sur les pensées de M. Pascal,* XVI.

est charité, philosophie de l'esprit mais surtout philosophie du cœur. *Inclina cor meum, Deus, in testimonia tua* [1]*; redite ad cor.* Laisser incliner son cœur, revenir au cœur, ces simples mots résument et caractérisent dans ce qu'elle a d'original toute la philosophie de Pascal, laquelle n'est ni sceptique ni pessimiste, mais devrait bien plutôt être qualifiée de mystique. N'est-ce point Pascal en effet qui a écrit comme avec le plus pur de son sang les tendres, mélancoliques et émouvantes pages intitulées : *le Mystère de Jésus* [2]?

Cependant si, pour des motifs fort divers, l'interprétation de la philosophie de Pascal est devenue et doit rester indéfiniment sans doute un thème de discussion, il semblait que les titres de Pascal physicien se trouvassent hors de conteste, et qu'on ne pût se refuser à reconnaître que guidé, averti, mis en éveil par les indications de Torricelli, il avait eu comme à lui seul la gloire de découvrir ou du moins de vérifier la pesanteur de l'air, d'en assigner les lois et d'en déduire les effets. Nous avons eu le déplaisir de désabuser ceux qui, par tradition, exaltaient sans réserve Pascal physicien. Et déjà, sur ce point, de plusieurs côtés et à plusieurs reprises, s'étaient élevées des protestations. De Maistre, se laissant emporter contre l'auteur des *Provinciales* à

1. Faugère, *Pensées,* etc., t. II, p. 175.
2. *Id., ibid.,* p. 338 et suiv.

une espèce de revanche et à sa verve habituelle,
laquelle lui fait, trop souvent, surtout lorsqu'il
s'agit de science et de philosophie, mal discerner
le vrai du faux; de Maistre n'avait point craint
d'affirmer que la conduite de Pascal, dans l'affaire
de l'expérience du Puy-de-Dôme, ne fut nullement
droite et ne saurait être excusée [1]. « Dans l'affaire
de la pesanteur de l'air, observait de son côté Victor
Cousin, il y eut entre Pascal et Descartes un démêlé
encore mal éclairci, où Pascal, qui adorait la gloire,
eut au moins le tort d'oublier un peu trop le nom
de Descartes parmi ceux qui avaient pu le mettre
sur la voie de ses célèbres expériences [2]. »

C'est précisément ce démêlé que nous avons pris
à tâche et que, sauf illusion, nous sommes venu à
bout d'éclaircir, démêlé dont Cousin lui-même n'a
peut-être pas mesuré toute la portée métaphysique,
physique et historique à la fois. Car, à un certain
moment, la question du vide divisa le monde des
savants, et aux plénistes, *plenistæ,* s'opposèrent
les vacuistes, *vacuistæ,* à peu près comme, dans
un autre ordre de connaissances, aux circulateurs
s'étaient opposés les anti-circulateurs. Qu'on lise,
si l'on veut s'en instruire, la très intéressante dis-
sertation qu'en 1676 publiait Robert Boyle, et dans
laquelle il discute les solutions que donnait Hobbes

1. *De l'Église gallicane,* liv. I, chap. IX.
2. *Rapport,* etc., *Préface de la nouvelle édition,* p. XLIV.

des problèmes touchant le vide. *Animadversiones in D. Hobbii problemata de vacuo* [1].

Toutefois et quelque incontestable que continue à nous paraître le partage qu'après sérieuse enquête nous avons assigné, relativement à la découverte de la pesanteur de l'air, entre Torricelli, Pascal et Descartes, des esprits timorés se sont rencontrés, qui, craignant de se décider à la légère et sous prétexte qu'elles n'étaient point exposées par un géomètre ou un physicien, ont déclaré ne pouvoir se rendre à nos raisons. Comme s'il fallait être géomètre ou physicien de profession pour compulser des correspondances, constater des faits, rapprocher des dates et de tout cela tirer des conclusions irréfragables ! D'autres, qui se plaisent à raffiner, aux documents les plus authentiques, aux circonstances les mieux avérées, aux énonciations les plus décisives, ont préféré les hypothèses et se sont ingéniés à substituer des conjectures. « *On peut supposer*, hasardent-ils, *on est autorisé à supposer*. C'est dans ces termes que Descartes *dut* conseiller Pascal qui *put* faire peu d'attention. Descartes *put* facilement oublier. Pascal ne crut rien devoir et *peut-être* ne dut rien qu'au physicien Florentin. *On peut supposer enfin*, loin que Descartes montre à l'égard de Pascal aucun ressentiment, que la réflexion

1. Londini, in-18.

amena Descartes à reconnaître que Pascal, sur ce point, ne lui était guère redevable [1]. » Les suppositions et les peut-être sont, pour construire l'histoire, de trop peu solides fondements. Quant à nous, nous ne saurions mieux confirmer nos preuves, calmer les scrupules et lever toute incertitude, qu'en reproduisant la discussion qu'à ce sujet nous avons eue, à l'Académie des sciences morales et politiques, avec un de nos savants confrères, M. Havet, c'est-à-dire avec l'un des hommes de ce temps auxquels Pascal est sans contredit le plus familier.

DISCUSSION SUR PASCAL

ENTRE

MM. HAVET ET NOURRISSON

A la séance du 22 août 1885, M. Ernest Havet a présenté des observations sur un chapitre du livre de M. Nourrisson, *Pascal physicien et philosophe*, chapitre qui avait été lu précédemment à l'Académie et qui est intitulé : *Pascal et Descartes*. Dans ce chapitre même, M. Havet n'a contesté qu'une assertion, au sujet de la fameuse expérience du Puy-de-Dôme.

1. F. Ravaisson, *la Philosophie de Pascal (Revue des Deux Mondes*, t. LXXX, 1887).

I

Jusqu'ici on accordait généralement à Pascal l'honneur de cette expérience; mais M. Nourrisson prétend établir que Pascal ne peut revendiquer que le mérite de l'avoir fait exécuter, et que l'idée n'en appartient pas à lui, mais à Descartes, qui la lui a suggérée, de sorte que Pascal perdrait ainsi son principal titre comme physicien.

Cette assertion se fonde sur deux passages pris dans les lettres de Descartes. Le 11 juin 1649 Descartes écrivait à Carcavi :

« Je me promets que vous n'aurez pas désagréable que je vous prie de m'apprendre le succès d'une expérience qu'on m'a dit que M. Pascal avait faite ou fait faire sur les montagnes d'Auvergne. J'aurais le droit d'attendre cela de lui plutôt que de vous, *parce que c'est moi qui l'ai avisé, il y a deux ans, de faire cette expérience et qui l'ai assuré que bien que je ne l'eusse pas faite, je ne doutais pas du succès.* Mais parce qu'il est l'ami de M. de Roberval, qui fait profession de ne pas être le mien... j'ai sujet de croire qu'il suit la passion de son ami. »

Et le 17 août, remerciant Carcavi de sa réponse, il disait encore :

« J'avais quelque intérêt à le savoir, à cause que c'est moi qui avais prié M. Pascal, il y a deux ans, de vouloir la faire, et je l'avais assuré du succès comme étant entièrement conforme à mes principes, sans quoi il n'eût eu garde d'y penser, à cause qu'il était d'opinion contraire. »

M. Nourrisson ajoute : « Il serait assurément bien difficile de suspecter une telle allégation et de mettre en doute la parole de Descartes. » Et il n'y a personne qui ne soit tenté d'abord de parler ainsi.

Mais à ces deux textes de Descartes M. Havet oppose deux textes de Pascal. Dans sa lettre du 15 novembre 1647 à M. Perier, par laquelle il lui demande de faire pour lui l'expérience du Puy-de-Dôme, il se représente comme hésitant encore entre ceux qui expliquaient l'ascension de l'eau ou du vif-argent par la pesanteur de l'air et ceux qui l'attribuaient à l'horreur du vide, « résolu néanmoins de chercher l'éclaircissement entier de cette difficulté par une expérience décisive ». Il ajoute alors : « *J'en ai imaginé une* qui pourra seule suffire pour nous donner la lumière que nous cherchons. » Et il l'explique. Puis il continue :

« Vous voyez déjà, sans doute, que cette expérience est décisive de la question, et que s'il arrive que la hauteur du vif-argent soit moindre au haut qu'au bas de la montagne, comme j'ai beaucoup de raisons pour le croire, quoique tous ceux qui ont médité sur cette matière soient contraires à ce sentiment, il s'ensuivra nécessairement que la pesanteur et pression de l'air est la seule cause de cette suspension du vif-argent, et non pas l'horreur du vide. »

Et plus tard, dans sa lettre à M. de Ribeyre, du 12 juillet 1651, Pascal dit encore :

« Dès l'année 1647, nous fûmes avertis d'une très belle pensée qu'eut Torricelli touchant la cause de tous les effets qu'on a jusqu'à présent attribués à l'horreur du vide. Mais comme ce n'était qu'une simple conjecture, et dont on n'avait aucune preuve pour en reconnaître la vérité ou la fausseté, *je méditais dès lors une expérience* que vous savez avoir été faite en 1648 par M. Perier, etc. *Il est véritable, Monsieur, et je vous le dis hardiment, que cette expérience est de mon invention*, et partant je puis dire que la nouvelle connaissance qu'elle nous a découverte est entièrement de moi. »

M. Havet demande pourquoi on ne répéterait pas cette fois dans les mêmes termes : Il serait assurément bien difficile de suspecter une telle allégation et de mettre en doute la parole de Pascal. Et il voudrait qu'on demeurât tout au moins suspendu entre ces affirmations contraires.

Mais il lui semble que si l'on était forcé de choisir, celle de Pascal se présente avec plus d'autorité. D'abord, celle de Descartes n'est que dans une lettre privée, adressée à un ami, tandis que les déclarations de Pascal sont imprimées et publiques et adressées aux savants du monde entier. Ensuite, Pascal dit très positivement : « C'est moi qui ai imaginé cette expérience ; elle est de mon invention » ; tandis que Descartes dit moins nettement : « C'est moi qui ai avisé M. Pascal de la faire ». Voici comment M. Havet croit que les choses se sont passées.

Pascal, en 1647, était à la fois très attiré vers la pensée de Torricelli, qui expliquait l'ascension du vif-argent par la pesanteur de l'air, et très hésitant devant la nouveauté de cette pensée, qui rompait avec la tradition de l'horreur du vide. Tout à coup il conçut l'idée d'une expérience qui devait décider la question. Il communiqua cette idée aux savants qui l'entouraient, et entre autres à Descartes, qui se trouvait alors à Paris. En général, on ne crut pas au succès ; on a vu que Pascal nous le dit lui-même. On croyait que le vif-argent resterait partout au même niveau, et on le détournait ainsi de donner suite à sa pensée. Descartes seul, au contraire, accueillit l'idée avec faveur, pressa Pascal d'exécuter son projet en lui promettant le succès, et contribua ainsi à le déterminer à faire l'expérience. C'est un grand mérite pour Descartes, mais l'honneur de l'invention n'en reste pas moins à Pascal.

Et, suivant M. Havet, Descartes, dans ses lettres à Carcavi, ne se plaint pas que Pascal se soit attribué cette invention, mais seulement qu'il n'ait pas pris la peine de lui annoncer le résultat, en reconnais-

sant par là ce qu'il lui devait pour les encourage-
ments qu'il lui avait donnés et pour la confiance
qu'il avait eue dans le succès.

II

A ces observations de M. Havet, M. Nourrisson
répond par les remarques suivantes :

1° Il est notable autant qu'indéniable que Descartes, qui a toujours tenu pour le plein, a toujours
également, si loin qu'on puisse remonter dans l'histoire de sa pensée, reconnu que l'air était pesant et
que c'était à cette pesanteur qu'il fallait, entre
autres effets, rapporter, avec l'ascension des liquides, la suspension du vif-argent. Cette doctrine se
trouve formellement énoncée dans tous ses ouvrages, nommément dans celui qui les résume tous, le
livre des *Principes*, 1644 ; elle l'est comme à chaque
ligne de sa *Correspondance*. C'est ainsi que le 2 juin
1631 Descartes écrivait à un anonyme : « Pour résoudre vos difficultés, imaginez l'air comme de la
laine, et l'éther qui est dans ses pores comme des
tourbillons de vent qui se meuvent çà et là dans
cette laine, et pensez que ce vent qui se joue de
tous côtés entre les petits fils de cette laine empê-
chera qu'ils se portent si fort l'un contre l'autre,
comme ils pourraient faire sans cela ; car ils sont
tous pesants, si bien que la laine qui est contre la

terre est pressée de toute celle qui est au-dessus, jusqu'au delà des nues, ce qui fait une grande pesanteur... Dans l'exemple que vous apportez, le vif-argent qui est dans le tuyau, ne peut commencer à descendre qu'il n'enlève toute cette laine, laquelle, prise tout ensemble, est fort pesante; car le tuyau étant fermé par le haut, il n'y peut entrer de laine, je veux dire d'air, en la place du vif-argent lorsqu'il descend... Et afin que vous ne vous trompiez pas, il ne faut pas croire que ce vif-argent ne puisse être séparé du plancher par aucune force, mais seulement qu'il y faut autant de force qu'il en est besoin pour enlever tout l'air qui est depuis là jusqu'au-dessus des nues [1]. »

A coup sûr, ce passage mérite attention; car il témoigne jusqu'à l'évidence que Descartes avait devancé d'au moins douze ans Torricelli, lequel ne parvint qu'en 1643 à concevoir par ses expériences non pas seulement que l'air est pesant, ce que déjà avait constaté Galilée son maître, mais, ce dont ne s'était point avisé Galilée, qu'il se pourrait bien que ce fût à cette pesanteur de l'air que l'on dût rapporter l'ascension des liquides. A partir de 1631, toutes les lettres de Descartes reproduisent la même affirmation, et, en particulier, ses lettres à Mer-

1. *OEuvres complètes*, édit. Cousin, t. VI, p. 204 et suiv. « Cette lettre est fixement datée du 2 juin 1631; on ne peut deviner à qui elle est adressée. » *Note de l'éditeur.*

senne, qui, le premier, au retour d'un voyage à
Rome, divulguait en France, en 1645, les expériences de Torricelli, que déjà, l'année précédente,
il avait annoncées. Qu'on lise, par exemple, la
lettre du 8 octobre 1638 : « Galilée, écrit Descartes
à Mersenne, donne deux causes de ce que les parties d'un corps continu s'entre-tiennent : l'une est la
crainte du vide, l'autre certaine colle ou liaison qui
les tient, ce qu'il explique encore par le vide, et je
les crois toutes deux très fausses ; car ce qu'il attribue à la crainte du vide ne se doit attribuer qu'à la
la pesanteur de l'air, et il est certain que si c'était
la crainte du vide qui empêchât que deux corps ne
se séparassent, il n'y aurait aucune force capable
de les séparer. L'observation que les pompes ne
tirent point l'eau à plus de dix-huit brasses de hauteur ne se doit point rapporter au vide, mais à la
matière des pompes ou à celle de l'eau même qui
coule entre la pompe et le tuyau, plutôt que de
s'élever plus haut, ou même à la pesanteur de l'eau
qui contre-balance celle de l'air [1]. »

Et encore, le 16 octobre 1639 : « L'eau des pompes
monte avec le piston qu'on tire en haut, à cause
que, n'y ayant point de vide dans la nature, il ne
s'y peut faire aucun mouvement qu'il n'y ait tout
un cercle de corps qui se meuvent en même temps [2]. »

1. *OEuvres complètes*, t. VII, p. 434 et suiv.
2. *Ibid.*, t. VIII, p. 160.

Sans doute, Descartes tient compte de causes qui peuvent empêcher ou retarder l'ascension de l'eau dans un corps de pompe, telles que le frottement, les infiltrations ou la pesanteur même de l'eau ; mais la seule cause pour lui effective de l'ascension des liquides reste toujours la pesanteur relative de la colonne d'air qui les presse. Les lettres de Descartes à Mersenne sont, en outre, nombreuses, où il discute avec le savant Minime diverses expériences qui tendent à vérifier la théorie de la pesanteur de l'air.

9 février 1639. — « Je vous remercie, écrit Descartes à Mersenne, de vos expériences pour les jets d'eau et des autres qui sont dans vos autres lettres ; car, bien qu'elles ne me puissent suffire et qu'il m'en faudrait encore faire moi-même quelques autres pour m'en bien servir, il n'y en a point toutefois qui ne puissent être utiles à quelque chose [1]. »

7 décembre 1642. — « Je vous remercie de votre expérience touchant la pesanteur de l'air ; mais il serait bon que je susse les particularités que vous y avez observées pour m'y pouvoir assurer ; car je la trouve extrêmement grande, si elle est à l'eau comme deux cents vingt-cinq à dix-neuf, qui est quasi comme douze à un [2]. »

Au contraire, tous les écrits de Pascal l'attestent :

1. *OEuvres complètes*, t. VIII, p. 71.
2. *Ibid.*, t. IX, p. 77.

par un respect inattendu des opinions de l'antiquité,
Pascal a longtemps admis que la nature a horreur
du vide ; il n'en est venu qu'assez tard à déclarer
que cette horreur était pourtant limitée ; enfin il lui
a fallu un dernier progrès pour reconnaître que la
nature n'a aucune horreur du vide. Cependant, d'un
côté, il n'en a pas moins persisté à soutenir l'existence du vide, et, d'un autre côté, jusqu'au dernier
moment, non pas seulement jusqu'en 1647, date de
ses *Nouvelles expériences touchant le vide*, et après
avoir mis à profit les expériences de Torricelli, mais
jusqu'après l'expérience décisive du Puy-de-Dôme,
laquelle eut lieu le 19 septembre 1648, il a hésité à
croire que ce fût la pesanteur de l'air qui détermi-
nât l'ascension des liquides. L'année même de cette
expérience, son père, avec lequel il était en si
étroite communauté de vues, Étienne Pascal son
père, dans la lettre de 1648 où il repousse les atta-
ques dirigées par le Jésuite Noël contre les idées
de son fils relatives au vide, Étienne Pascal ne laissait pas que d'exprimer ses réserves en ce qui concerne la pesanteur de l'air. « Je veux, écrivait-il,
proposer à mon fils quelques difficultés qui m'em-
pêchent d'acquiescer, comme il semble le faire, à
l'opinion touchant la suspension du vif-argent dans
le tube par la pesanteur de la colonne d'air [1]. »

1. *OEuvres complètes de B. Pascal*, édit. Bossut, t. IV,
p. 177 et suiv.

Tellement cette opinion semblait encore mal établie!

Ainsi, jusqu'en 1648, Pascal, qui toujours d'ailleurs défendra le vide, a ignoré ou hésité à admettre la pesanteur de l'air et son influence. A partir de 1631 au plus tard, Descartes, qui toujours défendra le plein, a proclamé la pesanteur de l'air et son influence. Voilà un premier fait avéré par des textes indiscutables. En voici un second qui n'est pas moins hors de conteste.

2° En septembre 1647, en mai 1648 (Descartes ne se rembarqua pour Rotterdam que le 1er septembre 1648) et, par conséquent, en 1648 avant l'expérience du Puy-de-Dôme, Descartes fait en France deux voyages successifs et deux séjours à Paris. Or, pendant ces deux séjours, Descartes entretient plusieurs fois et longuement Pascal, soit chez Pascal lui-même, soit aux Minimes de la Place Royale, chez le P. Mersenne, soit chez d'autres amis communs. Et sur quoi, principalement, portent leurs conversations? Nous le savons par Jacqueline Pascal, nous l'apprenons subsidiairement par Baillet : c'est du vide, c'est de la cause de l'ascension des liquides que le plus souvent il est question. D'autre part, on a beau, dans l'entourage de Pascal, se refuser à l'idée de la pesanteur de l'air; c'est en vain que Roberval harcèle Descartes de ses objections ou même de ses railleries; Descartes, s'adressant personnellement à Pascal, s'efforce de lui faire partager sa conviction. En 1647 et 1648 de vive voix, dans l'intervalle de ses deux voyages, par ses lettres et l'intermédiaire de ses amis, il ne cesse de le presser d'en venir à une expérience qu'il déclare à l'avance infaillible. Et ce ne sont pas de vagues conseils qu'il lui donne; c'est précisément sur quelque haute montagne d'Auvergne qu'il l'engage à expérimenter. Aussi nul doute qu'en priant Perier, dès le 15 novembre 1647, d'expérimenter sur le Puy-de-Dôme, ce que celui-ci ne put faire immédiatement, nul doute qu'en très grande partie Pascal n'eût cédé aux instances de Descartes.

Ainsi, en 1647 et 1648, Pascal ne sait encore à quoi s'en tenir relativement à la pesanteur de l'air, tandis que Descartes lui indique itérativement et avec la dernière précision les moyens de s'assurer que l'air est pesant. Voilà un second fait qui n'est pas moins incontestable que le premier. En voici un troisième dont on ne saurait davantage méconnaître la portée.

3° Aussitôt après l'expérience du Puy-de-Dôme, c'est-à-dire vers la fin de 1648, Pascal se hâte d'en publier les résultats [1]. Et non seulement il ne mentionne pas Descartes, mais il s'abstient même de lui envoyer sa relation. Cependant Descartes, qui n'a

---

1. *Œuvres complètes*, édit. Bossut, t. IV, p. 345 et suiv. *Récit de la grande expérience de l'Équilibre des Liqueurs.*

pas oublié les avis qu'il a prodigués à Pascal, se
sent naturellement curieux d'apprendre s'ils ont été
suivis et avec quel succès. Comment parviendra-
t-il à le savoir? Les imprimés mettent longtemps
alors à arriver de France en Hollande. D'autre part,
Mersenne vient de mourir, et de la sorte, au fond
de sa solitude d'Egmond, Descartes se trouve privé
de son principal agent d'informations. Dès le 11 juin
1649, il s'adresse donc à Carcavi, qui, aussi bien,
s'est de lui-même offert à lui servir de correspon-
dant. « Je me promets, lui écrit-il, que vous n'aurez
pas pour désagréable que je vous prie de m'apprendre le succès d'une expérience qu'on m'a dit
que M. Pascal a faite ou fait faire sur les montagnes d'Auvergne. J'avais droit d'attendre cela de
lui plutôt que de vous, parce que c'est moi qui
l'ai avisé, il y a deux ans, de faire cette expérience et qui l'ai assuré que, bien que je ne l'eusse
pas faite, je ne doutais pas du succès. Mais parce
qu'il est l'ami de M. de Roberval, qui fait profession
de n'être pas le mien, et que j'ai déjà vu qu'il a
tâché d'attaquer ma matière subtile dans un certain
imprimé de deux ou trois pages, j'ai sujet de croire
qu'il suit la passion de son ami [1]. »

Le 9 juillet 1649, Carcavi répond : « L'expérience
que vous me demandez de M. Pascal le jeune, est

1. *OEuvres complètes*, t. X, 344.

imprimée il a déjà quelques mois, et a été faite fort exactement sur une haute montagne d'Auvergne, appelée le Puy-de-Dôme [1]. »

Le 17 août 1649, Descartes écrit de nouveau à Carcavi : « J'avais quelque intérêt de savoir cette expérience, à cause que c'est moi qui avais prié M. Pascal, il y a deux ans, de la vouloir faire et je l'avais assuré du succès, comme étant entièrement conforme à mes principes, sans quoi il n'aurait eu garde d'y penser, à cause qu'il était d'opinion contraire [2]. »

Quoi de plus précis? Et comment, lorsqu'elle vient de Descartes, suspecter une telle allégation?

Aussi ces textes de Descartes ne laissent pas que de rendre M. Havet perplexe. Toutefois il estime que les textes suivants de Pascal offrent aux assertions de Descartes une contre-partie assez forte « pour qu'on demeure au moins suspendu entre des affirmations contraires ». Il tient même « que si l'on était obligé de choisir, celle de Pascal se présente avec plus d'autorité ».

En effet, le 15 novembre 1647, Pascal écrit à M. Perier. Il se montre comme hésitant entre ceux qui expliquent l'ascension de l'eau ou du vif-argent par la pesanteur de l'air, et ceux qui l'attribuent à l'horreur du vide, « résolu néanmoins de chercher

1. *Œuvres complètes*, p. 346.
2. *Ibid.*, p. 351.

l'éclaircissement entier de cette difficulté par une expérience décisive ». Il ajoute alors : « *J'en ai imaginé une* qui pourra seule suffire pour nous donner la lumière que nous cherchons. » Et il l'explique. Puis il continue : « Vous voyez sans doute déjà que cette expérience est décisive de la question, et que s'il arrive que la hauteur du vif-argent soit moindre en haut qu'au bas de la montagne, comme j'ai beaucoup de raisons pour le croire, *quoique tous ceux qui ont médité sur cette matière soient contraires à ce sentiment* (et Descartes?), il s'ensuivra nécessairement que la pesanteur et la pression de l'air est la seule cause de cette suspension du vif-argent et non pas l'horreur du vide [1]. »

Surtout, le 12 juillet 1651, Pascal écrit à M. de Ribeyre, premier président de la Cour des aides de Clermont : « Dès l'année 1647, nous fûmes avertis d'une belle pensée qu'eut Torricelli touchant la cause de tous les effets qu'on a jusqu'à présent attribués à l'horreur du vide. Mais comme ce n'était qu'une simple conjecture et dont on n'avait aucune preuve pour en reconnaître la vérité ou la fausseté, *je méditais dès lors une expérience que vous savez avoir été faite en 1648 par M. Perier*, etc. *Il est véritable, Monsieur, et je vous le dis hardiment, que cette expérience est de mon invention, et partant*

---

1. *Œuvres complètes*, t. IV, p. 347 et suiv.

je puis dire que la nouvelle connaissance qu'elle nous a découverte est entièrement de moi [1]. »

Rien, également, ne semble plus clair. Et de même que lorsqu'il s'agissait de Descartes, comment, lorsqu'elle vient de Pascal, suspecter une telle allégation?

M. Havet voudra bien le remarquer. Descartes écrit expressément : « *J'avais prié M. Pascal de vouloir faire cette expérience et l'avais assuré du succès, sans quoi il n'eût eu garde d'y penser, à cause qu'il était d'opinion contraire.* » Si donc Pascal, à son tour, avait écrit : « Descartes n'est pour rien dans l'expérience du Puy-de-Dôme », entre la parole de Descartes et celle de Pascal. il serait assurément fort difficile de choisir. Mais les choses ne se présentent point ainsi. D'un côté, Descartes dit nettement : « Oui, c'est moi qui ai prié M. Pascal de vouloir faire cette expérience. » D'un autre côté, est-ce que Pascal dit nettement, est-ce qu'il a jamais dit : « Non, je ne dois rien à Descartes? » Nullement. Lorsque sur le ton le plus hautain Pascal affirme « que l'expérience est de son invention », ce dont il se défend (il importe de le constater), ce n'est pas seulement de s'être attribué l'expérience de Torricelli, c'est aussi et surtout d'avoir emprunté quoi que ce soit à un Capucin milanais, le P. Valérien

1. *Œuvres complètes,* t. IV, p. 212 et suiv.

Magni, légat apostolique en Pologne, lequel, effectivement, s'était borné à reproduire, sans y ajouter quoi que ce fût, les expériences de Torricelli. Quant à Descartes, Pascal n'en dit rien ; il n'en dit rien, encore qu'il n'ait pu oublier ce qui s'est passé entre Descartes et lui ; il n'en dit rien, quoiqu'il ait connu les regrets de Descartes par Carcavi, un de ses familiers. « J'ai écrit à M. Pascal, mandait de Paris, le 24 septembre 1649, Carcavi à Descartes, j'ai écrit à M. Pascal qui n'est pas encore de retour en cette ville, ce que vous avez désiré que je lui fisse savoir de votre part touchant l'expérience qu'il a fait faire du vif-argent [1]. » Non, nulle part, à aucun moment, ni dans sa relation de l'expérience du Puy-de-Dôme, parue en 1648, ni antérieurement dans sa publication de 1647, intitulée : *Nouvelles expériences sur le vide*, Pascal ne souffle mot de ses entretiens avec Descartes. Il se borne à déclarer hardiment, bien que relativement à Descartes d'une manière équivoque (d'aucuns lui reprocheraient même ici peut-être d'avoir eu recours à une de ces restrictions mentales que devaient si justement mettre en abomination *les Provinciales*) ; Pascal se borne à soutenir que « l'expérience est de son invention ». Conséquemment, ce n'est point entre une affirmation de Descartes et une dénégation de

---

1. *OEuvres complètes,* t. X, p. 362.

Pascal; c'est entre une affirmation de Descartes et
le silence de Pascal qu'il y a lieu de décider. En dernière analyse, les textes invoqués en faveur de Pascal
tournent contre lui. Car ils continuent, ils aggra-
vent, ils mettent en pleine lumière le tort qu'a eu
Pascal, alors assurément qu'il devait beaucoup à
Descartes, d'avoir affecté de ne faire de lui aucune
mention d'aucune sorte.

Mais quoi! Descartes n'aurait-il pas pu, n'aurait-il
pas dû réclamer publiquement contre l'assertion réi-
térée de Pascal que « l'expérience était de son invention »? — « Ce n'est pas mon humeur de faire grand
bruit pour peu de chose, écrivait en 1638 Descartes à
Mersenne. J'avais donné mon *Traité de la Musique* au
sieur Beecman qui, comme vous savez, en faisait pa-
rade et en écrivait comme de chose qui était sienne [1]. »
De même, il avait sans doute suffi à Descartes de
témoigner à Carcavi ce que l'oubli volontaire de
Pascal avait eu pour lui de blessant. Quoi qu'il en
soit, comment, à y prendre garde, comment arguer
contre Descartes de son silence à l'occasion des lettres de Pascal à Perier et à Ribeyre? Manifestement, la lettre de Pascal à son beau-frère, lettre
toute privée et qui ne fut imprimée qu'avec le
*Récit de la grande expérience de l'Équilibre des Li-
queurs*, devait être ignorée de Descartes, qui ne con-

----

1. *OEuvres complètes*, t. VII, p. 444.

naissait pas ce récit. Pour ce qui est de la lettre à Ribeyre, celle-ci, rédigée tout exprès, au contraire, afin qu'on la produisît au grand jour, elle est du 12 juillet 1651, et Descartes était mort le 11 février 1650.

A défaut de Descartes, les Cartésiens du moins, un Rohault, pour n'en pas citer d'autre, n'auraient-ils pas dû protester contre les prétentions exclusives et excessives de Pascal? Au lieu de reprocher aux Cartésiens leur tiédeur à défendre les titres scientifiques de leur maître, il serait plus juste à coup sûr de les plaindre de leur impuissance. On ne comptait guère, en effet, parmi eux, de polémistes ardents, tels que Roberval. En outre, il s'en fallait de beaucoup que les Cartésiens eussent alors assez de crédit pour lutter avec l'entourage de Pascal, et Clerselier, par exemple, n'avait-il pas dû, comme malgré lui, insérer dans la seconde édition des *Lettres de Descartes* des notes destinées à atténuer certains passages que les amis de Pascal avaient jugé ne pas lui être assez favorables?

Toutefois, si Descartes se trouvait pleinement assuré de la pesanteur de l'air et de l'influence de cette pesanteur, n'a-t-on pas quelque peine à concevoir qu'il ait abandonné à Pascal la gloire d'une expérience définitive et sans avoir lui-même tenté cette expérience? Il convient de le rappeler : Descartes s'est occupé, à ce sujet, de plus d'une expérience avec Mersenne, bien avant le voyage de Mersenne en Italie ; mais les moyens d'expérimenter en grand et d'une manière démonstrative lui avaient toujours fait défaut. C'est pourquoi voici comment, à notre tour, nous imaginons que dans ses entretiens avec Pascal les choses durent se passer. « Vous croyez au vide, aura dit Descartes à Pascal ; c'est une erreur ; il y a le plein, et, pour ne point tomber sous les sens, ma matière subtile n'est pas une chimère. Mais du moins soyez sûr que l'air est pesant et que ce sont les proportions diverses du poids de la colonne d'air qui déterminent les proportions diverses elles-mêmes de l'ascension des liquides. En dépit de toutes les dénégations, cela est certain, car cela est conforme à mes principes. N'allez pas d'ailleurs supposer que ce soit là chez moi uniquement une déduction de métaphysique ; c'est une vue de physique et des plus claires. Pour résoudre vos difficultés, imaginez l'air comme de la laine, etc. (et Descartes aura repris les termes de sa lettre de 1631). Néanmoins, afin de mettre ce fait en complète lumière, il faudrait, aura ajouté Descartes, des expériences exécutées sur une grande échelle et à de grandes altitudes. Pour moi, dans la contrée que j'habite, je suis hors d'état de les entreprendre ; car la Hollande, vous le savez, est un pays de polders où se rencontrent à peine des buttes assez hautes pour qu'on y établisse des moulins à vent. Mais vous qui êtes d'Auvergne, que n'exécutez-vous ou que ne faites-vous exécuter sur une de vos montagnes l'expérience décisive, dont, à l'avance, je vous garantis le succès ? » Pascal finit par se laisser persuader, et les conversations de Descartes se gravèrent si avant dans son souvenir (il n'avait certainement pas lu la lettre de 1631) que lorsque, dans ses *Traités de l'Équilibre des Liqueurs et de la Pesanteur de la masse de l'air*, il voulut à son tour, en 1653 [1], rendre saisissables la pesanteur de l'air et ses effets, ce fut précisément à la comparaison qu'avait employée Descartes qu'il eut recours. « Comme il arriverait en un grand amas de laine, écrivait-il, si on en avait assemblé de la hauteur de vingt ou trente toises, que cette masse se comprimerait elle-même par son propre poids, et que celle qui serait au fond serait bien plus comprimée que celle qui serait au milieu ou près du haut, parce qu'elle serait pressée d'une plus grande quantité de laine, ainsi la masse de l'air qui est un corps compressible et pesant aussi bien que la laine, se comprime de même par son propre poids et l'air, qui est en bas, c'est-à-dire dans les lieux profonds, est bien plus comprimé que celui qui est plus haut, comme au sommet des

---

1. *OEuvres complètes,* t. IV, p. 257 et suiv. Les deux *Traités de l'Équilibre des Liqueurs et de la Pesanteur de la masse de l'air,* composés en 1653, ne parurent qu'en 1663.

montagnes, parce qu'il est chargé d'une plus grande quantité d'air. » On le demande : ces paroles ne sont-elles pas comme un écho aussi surprenant que fidèle des entretiens de Descartes avec Pascal?

Cependant, si les faits les plus constants, si les textes les plus irréfragables démontrent que c'est à l'instigation et sous l'inspiration directe de Descartes que Pascal a réalisé ce qu'il appelait lui-même « la grande expérience de l'équilibre des liqueurs », comment expliquer que Pascal, à cette occasion, n'ait pas même une seule fois prononcé le nom de Descartes?

Après tout, Pascal était homme, et des motifs tout humains expliquent surabondamment son silence regrettable. De bonne heure aliéné de Descartes, qui avait froidement accueilli les premiers et miraculeux essais de sa jeunesse, son antipathie pour l'illustre penseur s'était encore accrue dans la fréquentation du médiocre et jaloux Roberval. Surtout il semble qu'il lui répugnât d'entrer en partage avec Descartes de ce qu'il considérait comme une découverte glorieuse. A la vérité, il se plaisait à rendre hommage à Galilée et « au grand Torricelli », ce qui pourtant, à propos de *la Roulette*, ne l'empêchait pas de reprocher à ce même Torricelli « de s'être attribué une invention qui était publiquement et sans contestation reconnue depuis huit ans pour être de M. de Roberval [1] ». Mais ni Galilée ni Torricelli n'étaient des Français qui pussent, comme Descartes, lui disputer en France la primauté. Que Pascal, en effet, aimât la gloire, que ce fut là tout ensemble sa faiblesse et sa noblesse, et que, de longue main, son entourage eût conspiré à entretenir en lui de semblables dispositions, le moyen de ne pas en être frappé? Ainsi, Pascal a-t-il fait paraître son *Traité des Coniques?* aussitôt c'est un bruyant applaudissement de ses amis, qui ne supportent pas qu'en cette circonstance on associe au nom du jeune Pascal celui de Des Argues, de l'aveu même de Pascal, son principal inspirateur. Pascal a-t-il construit sa machine d'arithmétique ? immédiatement et pour faire valoir son instrument, que de démarches de sa part et que de discours! Privilège du roi, lettre au chancelier Séguier, lettre à Bourdelot, médecin du prince de Condé, lettre à la reine Christine! Pascal s'est-il engagé dans la question du vide? ce ne lui est pas assez de répondre lui-même au factum du Jésuite Noël. Étienne Pascal, venant à son aide, s'indigne, comme d'une injure, qu'on ait osé combattre le sentiment de son fils. Enfin, les Jésuites de Montferrant se sont-ils avisés de faire soutenir des thèses où, parmi les hommages qui lui sont rendus, Pascal

1. *OEuvres complètes,* t. V, p. 167.

croit démêler « qu'on l'accuse de s'être dit l'auteur d'une expérience qui n'était pas de son invention »? Sur-le-champ il prend la plume, et son père et lui exigent impérieusement du pacifique Perier qu'il rende publique, en l'imprimant, une lettre de réclamation par lui adressée à M. de Ribeyre, auquel étaient dédiées ces thèses soutenues en sa présence [1]. Vainement celui-ci, homme grave et modéré, exprime-t-il à Pascal le regret qu'il se soit mépris sur les intentions des soutenants, et qu'en tout cas il ait fait un tel éclat pour un incident qui de soi en comportait si peu [2]. Tout en témoignant de son respect pour la personne de M. de Ribeyre, Pascal maintient énergiquement sa protestation. Aussi Mme Perier avait-elle beau écrire « que son frère n'avait jamais eu de passion pour la réputation ». Il en faut venir à 1655, c'est-à-dire à l'époque de sa seconde conversion, pour rencontrer chez Pascal un détachement qu'il peut sembler porter même à l'excès, et le voir « n'espérant rien des hommes, n'en craignant rien », estimer la gloire un fantôme et s'abîmer dans son néant.

En somme donc, que conclure? M. Nourrisson croit devoir maintenir ses premières conclusions.

Il ne s'agit pas de contester sous tous rapports à Pascal le mérite de l'expérience du Puy-de-Dôme.

1. *OEuvres complètes,* t. IV, p. 198 et suiv.
2. *Ibid.,* p. 214 et suiv.

C'est Pascal qui a sollicité et obtenu de l'obligeance de Perier l'exécution de cette expérience.

C'est Pascal qui, du fait de la pesanteur de l'air et de l'influence de cette pesanteur complètement vérifiée, a su dégager les lois qui les régissent.

C'est Pascal, enfin, qui de ces lois a déduit nombre d'utiles et ingénieuses applications.

Mais Pascal a eu le tort de ne reconnaître, à aucun moment, ce qu'en tout cela il devait à Descartes, alors qu'il lui devait autant sinon plus encore qu'à Torricelli.

C'est Descartes, en effet, qui, douze ans au moins avant Torricelli, a très explicitement affirmé la pesanteur de l'air et son influence sur l'ascension des liquides.

C'est Descartes qui, plus que tout autre, a incité et décidé Pascal à faire une expérience qu'à l'avance il déclarait certaine, « *sans quoi Pascal n'aurait eu garde d'y penser, à cause qu'il était d'opinion contraire* [1] ».

Ces conclusions n'ont pas seulement pour résultat de restituer dans l'histoire des sciences, sur un point qui n'est pas sans importance, l'exacte vérité, mais aussi, dût la gloire scientifique de Pascal en être amoindrie, de rétablir la science française dans ses droits primordiaux. Peut-être, en effet,

---

1. *Œuvres complètes*, t. IV, p. 218 et suiv.

n'est-il point indifférent qu'il reste prouvé et que désormais il demeure certain que c'est à un Français, non à un Italien; que c'est à Descartes, non à Torricelli, qu'est due la première idée sinon de la pesanteur de l'air, du moins de son influence sur l'ascension des liquides.

FIN

Coulommiers. — Imp. P. Brodard et Gallois.